수업나눔

수업나눔

초판 1쇄 발행 2018년 11월 20일
초판 2쇄 발행 2019년 1월 21일

지은이 | 터닝포인트

발행인 | 김병주
출판부문대표 | 임종훈
주간 | 이하영 편집 | 박현조
디자인 | 고경빈
마케팅 | 박란희
펴낸곳 ㈜에듀니티 (www.eduniety.net)
도서문의 | 070-4342-6110
일원화 구입처 | 031-407-6368 ㈜태양서적
등록 | 2009년 1월 6일 제300-2011-51호
주소 | 서울특별시 서대문구 연희로2길 76 4층

ISBN 979-11-85992-89-1 (13370)
값은 표지에 있습니다.

함께 배우고 서로 나누는 교직 생활의 전환점

수업나눔

터닝포인트 지음

 에듀니티

배움과 성장을 위한 즐거운 헌신

지난 4년간 광주교육의 대표적인 구호는 '질문이 있는 교실'이었습니다. 교육을 바꾸기 위해 우선 바꿔야 할 것은 수업이었습니다. 교사는 일방적이고 학생은 수동적인 수업에서 벗어나 살아 있는 수업을 만들려면 학생들이 스스로 생각하고 역동적으로 질문하며 수업에 적극적으로 참여할 수 있어야 합니다. 그러려면 교사가 먼저 바뀌어야 합니다.

'질문이 있는 교실'을 실현하기 위해 광주광역시교육청은 2015년, 300교원 수업나눔 운동을 시작했습니다. 수업혁신을 위해 시작한 이 운동은 첫 해에 75팀 1,191명이 참여했습니다. 4년이 지난 지금은 학교 내 수업나눔 동아리 500여 팀, 학교 밖 수업나눔 운동 동아리 131팀 1,242명, 수업탐구공동체 31팀 300명으로 광주에 근무하는 교사라면 누구나 이러한 연구 동아리 한두 개는 가입돼 있다고 해도 과언이 아닐 것입니다.

터닝포인트는 2015년부터 함께 수업나눔을 해온 동아리입니다. 매년 수업나눔 운동의 결과를 자료집으로 묶고 현장 중심의 다양한 연구와 사례수집 등 수업나눔의 아카이브를 잘 구축해왔습니다. 터닝포인트가 지니고 있는 수업나눔의 노하우를 엮어 만든 이 책 『수업나눔』에는 그간 터닝포인트 선생님들이 함께한 시간의 발자취가 고스란히 담겨 있습니다.

수업나눔의 시작부터 수업의 변화까지 누구나 쉽게 읽고 따라 실천할 수 있는 내용으로 구성한 이 책은 교사와 교실 그리고 수업이 큰 주제입니다. 그런데 책을 읽고 보니 시작부터 마무리까지 일관된 궤를 이루고 있는 더 분명한 흐름을 느낄 수 있었습니다. 그것은 바로 선생님들의 '자발성'과 '동료애'입니다. 교사는 경력이 쌓여가는 만큼 수업에 대한 두려움도 배움에 대한 갈증도 쌓여가기 마련입니다. 그 고민을 바로 곁에 있는 동료를 통해 해결하며 함께 행복한 교실을 만들어가고 있는 선생님들의 모습을 이 책을 통해 들여다보면서 수업만큼은 현장에서 답을 찾아야 한다는 믿음이 더욱 확고해졌습니다.

교육의 밑절미는 배움입니다. 교사라는 직업은 배움에 근간을 두고 반생애를 학생들의 배움과 성장에 헌신하는 직업입니다. 시대적 변화의 흐름에 민감해야 하는 교사가 자기 연찬을 게을리하면 교실은 뒤처질 수밖에 없습니다. 교사는 가르치기에 앞서 배움이 선행되어야 합니다. 그 배움을 이제 주변의 동료와 함께 시작할 때입니다.

광주교육은 선생님을 응원합니다.

2018년 가을
광주광역시교육감 장휘국

프롤로그

수업으로 성장하는 우리, 함께하는 든든함

질문이 있는 교실, 행복한 학교, 집단 지성의 전문적 학습 공동체, 동료성 기반의 공동 연구, 자율성과 다양성이 존중되는 공동 실천, 협력과 나눔을 통한 집단 성장, 수업 공유와 나눔, 배움 중심 학생 참여형 수업 활성화!

우리 광주 교육을 대표하는 키워드입니다.

이 모든 것의 출발은 '자발성'과 '마음먹기'에 달려 있다는 것을 수업 나눔 동아리 '터닝포인트'와 함께 한 4년의 시간을 통해 알게 되었습니다. 스스로 수업의 민낯을 보여주고 성찰하며 수업을 잘할 수 있도록 함께 배우며 나누었습니다. 수업에서 성장하는 우리가 되기로 다짐하며 도전하고 함께 연구했던 다양한 경험과 우리의 노력이 한 권의 책으로 나오게 되었습니다.

먼저 다가가 손 내밀며 함께 나눈 우린

서로 기다려 주었네

교사로서 두려움을 극복하는 길을

웃음과 공감을 주고받은 우린

서로 선물을 주었네

수업에서 성장하는 소중한 행복을

학생들의 꿈 찾기에 작은 씨앗을 심은 우린

또 다시 '터닝포인트'라네!

배움과 새로운 변화를 꿈꾸는

좁은 문을 열고 나가기만 하면 넓은 세상이 기다리고 있다고 합니다.

교사와 엄마, 아빠의 역할에 지친 선생님! 그 어느 것도 손에 잡히지 않아 자신감을 갖지 못하고 있는 선생님이 계시다면 이 책을 나침반 삼아 문을 열고 나가보시면 좋겠습니다. 그리고 도전해보았으면 합니다. 그 과정에서 교사로서 성장하는 희망을 선물받을 것입니다.

2018년 11월
광주교원수업나눔동아리
'터닝포인트'
공동저자 일동

"동료들과 함께하는 즐거움이 이런 것이구나!"

"이 선생님들이 했다는 수업나눔, 별거 아니네, 나도 할 수 있겠는걸?"

"아! 나도 성장할 수 있는 가능성을 가진 교사구나!"

차례

1부

선생님은 행복하신가요?

교사들의 작은 성장 이야기

"나쁜 수업은 나뿐인 수업,

좋은 수업이란 조화로운 수업이라는 말이 있더라고.

배움이 확장이 될 수 있는 수업,

배움의 기쁨을 알게 해주는 수업!

그런 수업을 해야지. 그러려면,

우리도 배워야 할 거 같아."

"그래서 수업나눔이 필요한 거야!"

학교의 빙하기를
어떻게 극복할까?

학교에서 위기에 직면한 선생님들

"선생님은 모르셔도 돼요. 우리끼리 의논할게요!"

공백기는 딱 3년이었습니다. 결혼하고, 아이를 낳고 이어진 육아휴직. 가정에 충실하다가 다시 돌아온 학교의 현실은 충격 그 자체였습니다.

아이들 육아 때문에 교과담당으로 다시 3년.

그 사이 저는 학교에서 주변인이 되었습니다. 더 이상 나를 필요로 하지 않는 듯한 학교에서 주변인으로 산다는 것은 생각보다 무척 힘들었습니다.

"오늘은 엄마가 편찮으셔서 아이들을 볼 사람이 없어요. 오늘 문화체험의 날에 저는 참석하기 어려울 것 같아요. 선생님들, 즐거운 시간 보내세요!"

즐거운 문화체험의 날에도 곧장 집으로 향하곤 했습니다. 그러던 어느 날, 교담 선생님들이 즐거운 표정으로 신나게 대화하는 모습을 보게 되었습니다.

"어제 너무 재미있었어요!"
"날씨도 너무 좋았고 커피도 너무 맛있었어요."
"어제 무슨 일 있었나요?"
"날씨가 좋아서 번개팅 했어요. 선생님은 당연히 못 오실 줄 알고 연락을 안 드렸는데… 혹시 서운하신 건 아니죠?"
"아 … 네. 괜찮아요. 어제 어차피 애들 때문에 나가지도 못 했어요."
겨우 대답은 했지만 씁쓸한 마음은 어쩔 수 없더라고요.

저는 그렇게 교담 선생님 모임에서 소외되고 있었습니다. 그러다가, 학교 일에서도 자연스럽게 밀려나게 되었습니다.

"○○○○ 선정 기준을 정하도록 하겠습니다. 동학년 선생님들과 이번 주까지 협의하도록 하세요!"

교직원 전체 회의에서 교감 선생님 말씀을 듣고 다른 학년 선생님께 가서 물어보았죠.

"기준을 어떻게 정하면 되나요?"
"교담 선생님은 신경 안 쓰셔도 돼요. 각 학년 선생님들끼리 알아서 할게요."

좋은 선생님이 되고자 연수도 열심히 찾아다니며 배웠고 학교의 일에 앞장서서 의견을 말하던 시절도 있었습니다. 그러나 이제 학교에서 제 역할과 자리는 줄어들고 있었습니다.

참담한 기분을 애써 감추고 시간을 내어 친하게 지내던 다른 학교의 선생님을 만났습니다.

"나는 학교에서 행복하지 않아요. 항상 열심히 살고 있는데 학교에서의 내 존재감이 점점 사라지고 있어요. 내가 어떤 교사인지 생각도 많아지고요. 심적으로 굉장히 많이 힘들어요."

"제 이야기를 해볼까요? 선생님도 알다시피 저는 골드미스잖아요. 하고 싶은 거 마음대로 하면서 즐겁게 살았어요. 학급 경영도 배우고, 연수도 열심히 들었어요. 꾸준히 자기 계발을 하면서 인생을 멋지게 살고 싶었어요. 학급 경영이나 수업을 잘하시는 선생님들을 롤 모델로 삼았고요. 그분들은 어떻게 저렇게 수업에 대한 아이디어가 좋은지, 어떻게 저렇게 학생들과 잘 지내는지 정말 대단해보였어요. 그리고 나도 그 선생님들처럼 경력이 쌓이고 노하우가 쌓이면 후배들이 존경할 만한 교사가 되어 있을 거라고 막연하게 생각했어요. 그리고 19년이 지났어요. 그런데 내가 그 선생님들과 비슷한 나이가 되었지만 변한 게 하나도 없는 거예요. 여전히 수업은 어렵고, 학생들과 씨름하고 있고. 그래서 '뭐라도 배워보자!'라는 생각에 대학원을 갔는데, 배운 것을 수업에 활용한 건 거의 없더라고요. 10개를 배우면 겨우 1개 정도 활용한 기분? 열심히 배우고 노력했지만 여전히 제자리걸음인 제 자신이 한심하기도 하고요. 저도 제가 어떤 교사인지 생각이 많아졌어요."

"교사로서의 소소하지만 확실한 행복! 어디에서 찾을까요? 우리에게는 뭔가가 필요해요!"

학교에서 행복하지 않은 선생님이 많습니다. 행복하지 않은 이유는 참으로 다양합니다.

수업이 여전히 힘들고 두렵다는 최 선생님

"마치 발가벗고 여러 사람들 앞에 서 있는 기분이야!"
첫 공개수업을 앞두고 있던 저에게 경력이 20년도 넘은 선생님이 해주신 말씀이에요. 아무리 경력이 오래되어도 공개수업은 힘들구나 하는 생각을 했죠.

제가 첫 발령을 받은 때는 1999년 9월 1일입니다.

그때는 '열린 교실'이 한창이었어요. 우리 학교는 '열린 교실'을 운영하는 연구학교였고요. 저는 여러 차례 공개수업을 해야 했고 그때마다 교장선생님께서 수업안에 빨간 볼펜으로 지적사항을 메모해주셨어요.

그리고 수업이 끝나면 항상 옆 교실에서 협의회를 실시했어요. 저보다 먼저 공개수업을 했던 제 동기는 도중에 울음을 터뜨렸고요. 그래서 저는 수업자 반성 시간에 제가 수업을 잘하지 못했다면서 스스로를 미리 자아비판했어요. 그 덕분인지 저는 지적을 조금 덜 당했던 기억이 나네요. 나름 잔머리를 썼던 거죠. 그렇게 시간이 지나 어느덧 저도 20년차 경력 교사가 되었고 공개수업의 공포에서 벗어날 수 있게 되었습니다. 그러나 수업은 여전히 힘듭니다. 준비했던 수업이 학생들에게 제대로 받아들여지지 않을 때나 "경력이 20년이나 되었으니 수업의 달인이시겠네요!"라는 말을 들을 때면 늘 어디론가 숨고 싶은 심정이었습니다.

혹시라도 누가 복도를 지나가다가 내 수업을 볼까봐 수업은 두렵습니다. 학교가 즐겁지 않고 교사라는 게 행복하지 않습니다. 저는 어떻게 해야 할까요?

최 선생님은 언제나 수업에 대한 고민을 하고 계십니다. 수업만 잘 이루어진다면, 최 선생님은 행복한 학교생활을 할 수 있을 것입니다.

교사는 수업에서 어떤 역할을 해야 할까요?

수업은 학생 중심, 학생 주도로 이루어져야 하고, 교사가 그것을 잘 이끌어주어야 합니다. 수업을 하면서 학생의 변화를 파악하는 것이 중요합니다.

예전에는 수업 시간에 목표 도달하기 위해 많은 것을 쥐어주려고 했지만 이제는 학생들 스스로 할 수 있도록 기다려주고 있습니다. 학생들의 성장을 지켜봐줄 수 있는 교사가 필요합니다. 교사한 사람의 만족보다 여러 학생이 배움의 기쁨을 느낄 수 있도록 돕는 것이 좋은 수업이기 때문입니다.

수업을 잘하기 위해서는 교사가 자신의 수업에서 부족함을 인정하고 새로운 것을 받아들이려는 마음을 가져야 합니다. 그래야학생도 교사도 성장할 수 있습니다.

그렇지만 교사가 자신의 수업에서 부족함을 인정하고 새로운것을 받아들이는 일은 혼자의 힘만으로는 어렵습니다. 함께 수업에 대한 고민을 나눌 수 있는 수업 친구가 필요합니다.

칭찬은 선생님도 춤추게 한다는 하 선생님

저는 그동안 학교보다는 방과 후 내 생활에 비중을 더 두며 살아왔어요. '학교에서는 별일 없이 하루하루 지내면 되지' 하는 안일한 생각을 갖고 있었죠. 그럼에도 학교에서 인정받고 싶다는 아이러니한생각을 동시에 갖고 있기도 했어요. 노력도 하지 않으면서 말이죠.

2014년, 출산과 육아휴가를 마치고 학교에 돌아왔을 때 힘든 한 해를 보냈어요. 맡았던 아이들과 너무 힘들었거든요. 특히 한 명은 학교 출석을 거부하기까지 해서….

그리고 또 다시 출산휴가에 들어가게 되어 학교를 잊고 지냈죠. 그런데, 막상 돌아오려니 그때의 기억 때문인지 두려운 마음이 컸어요. 그 최악이었던 한 해를 또다시 반복할 수는 없다는 생각에 나름대로 학교로 돌아올 준비에 힘을 기울였어요. 그렇게 돌아와 새로 맞이한 학기 초, 학부모 공개수업을 잠깐 참관한 교장 선생님께서 저에게 이런 말씀을 해주셨어요. "선생님, 수업을 정말 잘하시네요. 늘 열심히 하시는 거 알고 있어요." 그냥 지나가는 말씀이었지만, 교장 선생님의 그 격려 한마디가 굉장한 힘이 되었어요. 그리고 희망을 갖게 되었죠.

'좀 더 노력하면 나도 좋은 선생님에 가까워지지 않을까?'

복직에 대한 두려움을 갖고 있던 나에게 필요했던 건 누군가의 인정과 격려의 한마디였던 것 같아요. 그래서 이 칭찬 한마디에 저에게 학교는 행복한 곳이 되었습니다. 그리고 이제는 욕심이 생겼어요. 수업에서 성장하려면 어떻게 해야 할까요?

하 선생님은 성공적인 수업 경험을 가졌습니다. 그 경험으로 수업 성장을 고민하고 계십니다. 하 선생님이 수업에서 계속 성장한다면, 학교는 행복한 곳이 될 것입니다.

교사가 수업에서 성장하려면 어떻게 해야 할까요? 수업나눔이 필요합니다.

2015년 4월, 광주광역시교육청에서는 '300교원 수업나눔 운동'을 처음으로 추진했습니다. 300교원 수업나눔이란, 유·초·중·고·특수 전체학교 모든 교원이 수업나눔 문화에 자발적으로 참여하여 함께 성장하자는 의미입니다. 수업나눔은 '형식적인 칭찬이나 지적이 아닌 수업을 중심으로 한 내면적 대화'입니다. 그리고 '수업을 어떻게 할지 고민을 함께 나누고, 실제 수업에 적용해보며, 수업에 적용했던 경험을 서로 나누는 것'입니다. 쉽게 말해서, 수업에 대해 함께 고민하는 것입니다.

수업에 대해 함께 고민하는 300교원 수업나눔 운동에 참여하면서 하 선생님은 수업에서 성장하는 기쁨을 또다시 맛보게 되었습니다.

배움의 갈증이 끝이 없는 백 선생님

학교에서 행복하냐고요?

막연하게 저는 평균은 된다고 생각하며 10여 년의 교직생활을 보냈어요. 학교일과 집안일을 겸업하는 느낌으로 생활해왔죠. 시간이 지나 어느 정도 여유가 생겼을 때 수업에 대해 깊이 생각해보게 되었죠. 수업을 하면 할수록 진짜 수업이 뭔지도 모르겠고 너무 힘들더라고요. 그야말로 날마다 괴로웠어요. 여전히 자녀들이 어렸지만 가족의 동의를 얻어 매주 토요일마다 수업 기술을 나누는 연수에 참여하게 되었어요. 사막에서 오아시스를 만난 것처럼 수업에 대한 갈증이 풀리기 시작했어요. 시간이 지날수록 '수업이 이런 것이구나!' 하고 조금씩 깨닫게 되었고 그걸 수업에 적용하는 것이 재미있어졌어요. 하지만 혼자 하는 것에는 한계가 느껴지기도 했지요.

수업에 대해 함께 고민하려면 일단 모여야 합니다. 고민은 혼자 끌어안고 해결하려고 하면 더 힘들어지기 때문입니다. '나쁜 수업은 나뿐인 수업'이라는 말이 있습니다. 함께할 수 있는 수업 친구로 소소하지만 확실한 학교 속 행복을 찾았습니다.

수업나눔이 필요해!

2013년, 새 학교의 연구부장이 된 저는 부임하기도 전에 학교 교육계획을 수립하면서 열심히 적응해나갔습니다.

연구부장 업무는 처음인지라 동학년 공동수업 공개 운영이 가장 버겁고 힘들게 다가왔습니다. 두 해 동안, 수업나눔 협의회를 총 24회 진행했지요. 특히 6교시 전체수업 공개 후 협의회를 가질 때마다 '공개수업의 흐름 및 공감 한마디' 진행 과정은 작은 후회와 함께 다음과 같은 생각거리를 남겼습니다.

'선생님들과 함께한 수업나눔의 방향이 교사로서의 성장에 도움을 주었을까?'
'형식적인 수업나눔 방법은 아니었을까?'
'모든 구성원이 만족하고 행복한 수업나눔은 어떻게 운영해야 하나?'

많은 선생님이 수업에 관심을 가지고 있습니다. 그분들에게 도움이 될 수 있는 방법은 무엇일까를 고민하다가 수업나눔 동아리를 만나게 되었습니다. 그러고는 누구보다도 수업나눔의 필요성을 깨닫게 되었습니다.

2014년, 수업 성장을 원하는 선생님들을 지원하고자 하는 열정과 사명감으로 교내 연구 동아리를 구성했습니다. 멘토-멘티 방식으로 선배 선생님들의 노하우를 후배들에게 나눠주는 시스템으로 운영했습니다. 후배 선생님들은 선배들의 다양한 노하우를 들을 수 있어서 좋았지만 그동안 이러한 공유나 나눔의 경험이 없었던 선배 선생님들 입장에서는 어떤 노하우를 알려줘야 할지 조금은 부담으로 다가왔을 듯합니다. 그러던 중 광주광역시교육청의 교원 수업나눔 운동이 시작됐습니다.

2015년, 광주광역시교육청이 전개한 교원 수업나눔 운동은 교사의 개인주의와 고립주의를 극복하고 닫힌 교실의 문을 스스로 열고 나와 참여와 협력, 집단 지성을 통해 수업 문화를 바꾸어보자는 운동입니다.

수업에 대해 이야기하는 자리이면 어떤 형태든 지원해주는 광주교원 수업나눔 동아리 모집을 계기로 수업에 대해 함께 고민해보는 자리를 마련하게 되었습니다. 우리 학교 선생님과 주변 학교 몇 분 선생님들의 자발적이고 적극적인 모습에 힘을 받아 '터닝포인트'를 시작하게 되었습니다. 수업 이야기만 자유롭게 하고 무언가 결과를 내지 않아도 된다고 강조했지만, 구성원 간에 지향점이나 목표의 공유가 없다면 좋은 모임으로 계속 이어나가기 힘들 거라 생각했습니다. 그래서 해마다 함께 목표를 만들고 그 목표를 이룰 수 있도록 서로를 응원했지요.

2년차, 3년차… 해마다 좀 더 나은 목표를 가지고 펼친 다양한 활동이 우리 동아리가 오래 지속할 수 있는 원동력이었다고 생각합니다. 우리 동아리가 오래 지속할 수 있었던 또 다른 원동력은 동아리에 함께 참여하는 선생님들의 긍정적인 사고입니다.

"네, 한번 해봐요!"라는 긍정적인 답변은 서로에게 큰 힘을 주었습니다. 시작할 때는 책임감과 사명감으로 수석교사인 제가 동아리를 주도적으로 이끌었지만, 이제는 동아리 선생님들 모두가 리더가 되어 함께 성장하고 배웁니다.

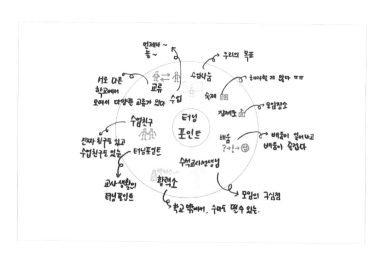

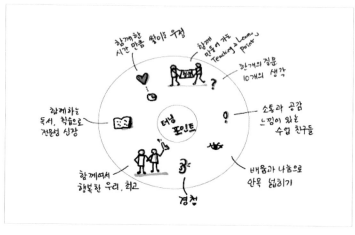

우리에게 수업나눔 동아리란?

아이들의 배움과 성장을 위한 진정한 수업 혁신은 언제든 "함께 해봐요"라며 힘을 주는 동료선생님과 함께 고민하고 연구하며 실천하면 어렵지 않습니다.

수업나눔을 위해서는 이렇게 함께하는 공동체가 필요합니다.

동학년이 함께하는 교내 공동체, 혹은 동학년이 아니더라도 같은 학교에서 마음이 맞는 사람들끼리 모여서 활동하는 교내 공동체, 그리고 같은 학교는 아니지만 퇴근 후에 함께 만나는 수업 공동체 등 다양한 형태의 수업 공동체가 존재합니다. 그 중에서 '터닝포인트'는 구성원이 각자 다른 학교에 근무하지만 '수업'이라는 주제로 한마음이 된 전문적 학습공동체입니다.

'터닝포인트'라는 이름에는 바로 지금이 서로 가르치며 배우는 (Teaching & Learning) 지점(Point)이며, 내 교직생활의 전환점 (Turning Point)이라는 공동체성을 다져 함께 배움을 나누고 정보를 공유하는 과정을 통해 역동적인 교직생활을 꿈꿔온 두 가지 의미가 담겨 있습니다. '터닝포인트'의 활동 과정을 소개합니다. 여러분도 '수업나눔 활동을 어떻게 해야 할까?'라는 물음에 대한 답을 찾아나가길 바랍니다.

나 아닌 우리가 함께, 공동 리더가 되었습니다.

수업 성장을 위해 어떠한 노력이 구체적으로 필요한지 함께 고민하는 시간을 거쳐 각자 수업나눔 동아리 활동 안에서 기여할 수 있도록 역할을 부여하고 모임 방식이나 함께할 내용도 구성원들의 의견을 모아 정리했습니다.

함께 격려하고, 함께 이끌고, 함께 가기 때문에 수업나눔 4년의 활동이 어렵지 않았습니다.

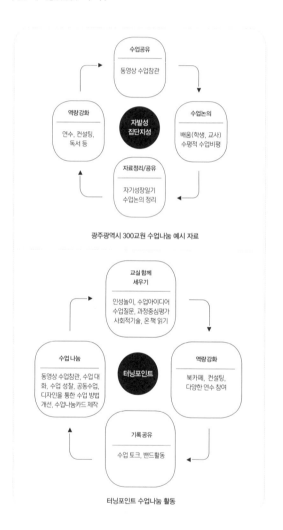

광주광역시 300교원 수업나눔 예시 자료

터닝포인트 수업나눔 활동

수업으로 소통하는 친구를 만들자

어느 무더운 여름날, 옆 반 선생님이 물었습니다.

"선생님이 하고 계신 거, 그 뭐더라? 화요일마다 다른 학교 선생님들도 만나고 하는 거. 예전부터 궁금했는데 그게 뭐예요?"

"터닝포인트?"

"터닝포인트가 뭐예요?"

"음, 수업나눔 동아리예요. 수업에 관한 이야기도 하고, 함께 공부도 하고, 연수도 받고…."

"그런데, 그걸 왜 해요?"

"음, 왜 할까? 거기까진 생각해본 적이 없는데요?"

"다른 선생님들은 그런 거 안 하던데."

"저도 안 했었어요. 4년 전 수업나눔 동아리를 알기 전까지는."

"그럼, 4년 전부터 수업나눔 동아리를 하신 거예요?"

"그러네요. 딱 4년 됐네요. 저는 교직 19년차예요. 그런데 나이가 들수록 생각이 많아지더라고요. 처음 발령받던 그날도 생각나고, 내 직업에 대해서도 고민해보고, 내 삶에 대해서도 생각해보고…. 처음에는 주변 선생님들 따라서 수업나눔 동아리를 시작했는데 시간이 지날수록 뭔가 뿌듯한 느낌? 뭔가 내가 점점 좋은 선생님이 되어가는 느낌! 그래서 기분이 좋아요."

"그런데, 월 2회 화요일마다 모임도 가셔야 하고, 과제도 하셔야 하고, 책도 읽으셔야 하고… 바쁘지는 않으세요?"

"열심히 산다는 건 바쁘게 산다는 게 아니에요. 바쁘게 사는 삶은 힘이 들겠지요. 선생님도 알다시피, 저는 엄청 게으르잖아요. 게으른 저를 움직이게 한 힘이 함께하는 수업 친구였어요. 수업나눔 동아리 '터닝포인트'에서 만나는 선생님들은 저에게 활기를 준답니다. 혼자서는 이렇게 수업 관련 책을 읽거나 수업에 대해 고민하거나 연수를 받거나 하지 않았을 거예요. 터닝포인트가 있어서 가능한 거죠. 함께하니까 가능한 거고. 터닝포인트 선생님들한테 힘을 받고, 제가 그분들에게 힘을 주기도 해요. 그게 이유인 거 같아요."

저는 예비혁신학교 근무시절에 공동수업 연구의 개념을 처음 접하게 되었는데 굉장히 새롭다고 느꼈습니다. 그러던 중 수업연구대회에 나가는 선생님과 수업 연구를 같이 하게 되었죠. 먼저 공동수업안을 함께 설계해보고, 그 수업을 각 반에서 해보았습니다. 동학년 선생님들이 옆 반에서 수업을 하면 여러 가지 관점으로 수업에 참관했습니다. 그리고 짬짬이 피드백을 하여 수업안을 수정했습니다. 교사의 말투, 투입 자료 개수, 책상 대형, 시간 체크, 학생의 관심사, 학생들의 배움 시점, 평가 등 각 반의 특성에 맞게 세밀하게 수정해갔습니다. 변경된 수업안으로 다른 반에서 수업이 이루어질 때 학생들의 새로운 반응과 피드백이 신기하고 재밌었습니다.

'이렇게 조금만 관심을 가지면 학생들의 집중도가 더 높아지는 걸….'

학습 내용이 실생활과 관련지어질 때 학생들의 배움이 일어난 다는 것을 깨달았습니다. 그렇게 수업에 대한 새로운 경험을 하면서 스스로를 돌아보게 되었습니다.

수업에 대한 새로운 경험은 수업 친구를 만난 것에서 시작됐습니다. 동료 교사와 진솔한 대화를 통해 나 자신의 내면을 들여다 볼 수 있었습니다. 외롭고 힘들고 두려운 마음도 수업 친구를 통해 극복할 수 있었습니다. 든든한 지지자를 얻은 것이죠.

2장

수업 친구들과 학교에서
행복을 찾아보자

4년 전, 광주광역시 교육연수원에서 300교원 수업나눔 동아리를 구성하며 처음으로 만난 우리는 먼저 '만남을 열어 배움의 지향점 찾기'라는 주제로 이야기를 나누었습니다.

동아리 회장님이 첫 만남을 위해 포스트잇에 '수업 공유', '관계 형성', '가이드라인', '배움이나 얻어갈 것' 등 키워드를 적어오셨습니다. 그 키워드를 중심으로 대화하면서 우리의 열망이 자연스럽게 표출되었습니다.

"교육 철학을 함께 공부하고 싶어요."

"전문적으로 함께 연구하고 싶어요. 전문성을 갖추기 위해 새로운 교육 방법이나 혁신적인 수업 방법 등을 연구해보고 싶어요."

"수업에서 성장하고 싶어요. 내 수업, 그리고 다른 선생님들의 수업을 통해 나도 성장하고 싶고 마음도 힐링하고 싶어요."

교육에 대한 철학이 있는지 되돌아보자

첫 번째로 함께한 수업나눔의 주제는 '교육 철학 함께 공부하기' 였습니다.

우리들의 열망을 담아 북카페 활동을 시작했습니다. 편안하고 분위기 좋은 카페에서 수다를 떤다는 느낌으로 만든 북카페 활동은 이름처럼 책을 읽고, 서로 이야기하며 웃음꽃을 피우는 독서나눔의 장이었습니다. 이 활동을 통해 책을 깊이 읽고 다양한 생각을 들으며 자유롭게 말할 수 있었습니다. 교육 관련 도서를 함께 읽으며 시야가 넓어졌고 교육 철학도 다시 정립할 수 있었습니다. 무엇보다 수업을 보는 시선을 함께 공유할 수 있다는 점이 특별했습니다.

첫해에는 교육 철학과 교육에 대한 생각을 나누는 데 중점을 두었고 다음 해부터는 책에서 배운 철학이나 기술을 수업에 직접 적용하는 방식으로 진행했습니다.

2015년 북카페 독서나눔 활동에서는 '질문 있는 교실, 배움이 있는 교실'을 만드는 데 도움이 될 책을 읽기로 하고 각자 주변에서 추천받은 도서를 골라 협의를 통해 4권을 선정했습니다. 최종 선정된 책을 3~4권 구입하여 서로 돌려가며 읽었습니다.

매달 같은 책을 읽는 동료끼리 소그룹을 형성하여 서평을 써보고, 독서 토론을 통해 책의 내용을 깊이 있게 이해할 수 있었습니다. 또 서로의 수업에 대한 관점도 알게 되었습니다.

그룹별로, 때로는 전체 회원과 함께 토의하는 시간은 한 권의 독서로 세 권을 읽은 것 같은 효과를 가져왔습니다. 혼자 마음에 담아두었던 생각거리나 의문점도 해결되었습니다. 교육과 관련된 책을 항상 옆에 끼고 다니면서 교사로서 우리가 하는 일의 의미를 찾아가는 시간이 되었습니다.

무엇보다도 '질문 있는 교실'을 추구하는 우리 선생님들이 깊게 사고하여 스스로 질문을 하면서 그 해결책을 찾아 교실 현장에 돌아가 적용해보는 데에 이 활동은 큰 도움이 되었습니다.

『수업, 비평의 눈으로 읽다』를 읽고 생각나누기

최 선생님: 수업을 들여다볼 때 비평자의 주관적 잣대로 보지 않아야 하는데 아직도 그럴 때가 많아요. 선생님의 일반적인 수업 수행 능력과 함께 교과를 가르치는 능력을 보는 눈, 학습자의 학습과 배움을 보는 눈에 초점을 두고 보려고 노력하고 있어요.

김 선생님: 책 속의 많은 선생님이 '교사는 가르치기 이전에 배우는 존재'라는 말을 실천하고 있어요. 이분들의 도전에 박수를 보내고 싶어요. 이 책을 읽고 조금씩 배우고 동료 교사들과 나누어 교사라는 이름에 당당할 수 있도록 쉼 없이 노력해야겠다는 생각이 들었어요.

황 선생님: 저자가 수업을 평가하려는 기존의 관점에서 벗어나 '비평'이라는 열린 관점으로 대하려는 점이 가장 와 닿았어요. '수업 비평'은 수업에 대한 대화의 풍토를 조성하고 수업을 보는 우리의 안목을 고양시켜줄 수 있지요. 그러나 10여 개의 수업 비평을 읽으면서 '저자 또한 수업에 대한 평가를 무의식적으로 하고 있지는 않은가?' 하는 생각이 들었어요. 저자가 초등학교 수업에서 타 교과와의 연계, 통합, 기대 수준을 충분히 이해하고 있는지 의문이 드는 부분도 있었고요.

조 선생님: 교과를 가르치는 능력과 함께 학습자의 학습과 배움을 보는 눈을 길러야 해요. 그리고 이 성장은 함께해야 가능할 것 같아요.

2016년, 2017년 북카페 활동은 전문적이고 구체적인 방법으로 1년 동안 꾸준히 연구하고 적용해보는 활동으로 전개했습니다.

소그룹으로 진행한 독서 토론

『사회적 기술』, 『형성평가 101가지 기법』을 각각 선정하여 각자 목표 분량을 정해 천천히 읽으며 모일 때마다 읽은 부분을 토론하고 수업에 적용해보았습니다.

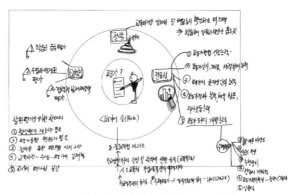

강대일, 정창규의 『평가란 무엇인가』(에듀니티, 2016)를 읽고

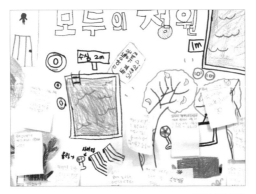

모둠별 성장 평가

가방 들어주는 아이 역할극

백번 듣는 것보다 한 번 보는 것이 낫고, 백번 보는 것보다 한 번 해보는 것이 낫다고 합니다. 함께 책을 읽고 나누며 직접 적용해본 경험이 오랜 여운으로 남아 있습니다. '아는 만큼 보인다, 보이는 만큼 실천한다'라는 생각으로 열심히 연구하고, 학생들에게 꾸준히 적용해보았습니다.

2018년에는 북카페 활동은 3~4학년에 적용된 '온 책 읽기' 지도 방법을 연구하고 독서나눔을 시작했습니다. 『이야기가 넘치는 온 작품 읽기』(전국초등국어 교과모임, 북멘토, 2016), 『동화수업 레시피』(권현준 외 지음, 박이정, 2017), 『말랑말랑 그림책 독서 토론』(강원토론교육연구회 지음, 단비, 2018) 이렇게 온 책 읽기와 관련된 도서를 3권 선정했습니다. 이 중에서 우리 반 학생들에게 효과적인 방법과 학년 발달 단계 지도에 어울릴 만한 내용의 책을 골라 각자 읽고, 책에 소개된 방법을 교육과정에 맞게 재구성하여 적용한 후 그 사례를 함께 나누었습니다. 다음은 온 책 읽기 시도 방법을 수업에 적용한 사례입니다. 이렇게 북카페 활동의 목적도 결국 수업에 있습니다.

어떻게 하면 학생들이 책을 제대로 읽을까?

4학년 학생들의 제대로 읽기 활동을 위해 다음과 같이 4권의 책을 선정했습니다. 4~5월에는 『기호 3번 안석뽕』, 6~7월에는 『가방 들어주는 아이』, 9~10월에는 『초정리 편지』, 11~12월에는 『마지막 이벤트』를 학생들과 함께 읽기로 했습니다. 이 4권의 책을 읽고 제목의 의미 생각해보기, 인물의 성격 파악하기, 사건의 중요도를 분석하여 줄 거리 간추리기, 작가의 의도 알기 등 각 책에 알맞은 학습 활동을 고민하며 수업을 함께 설계했습니다.

다음은 『가방 들어주는 아이』를 읽고 나눈 수업 사례입니다.

반 학생들이 모두 읽을 수 있도록 책을 구입했습니다. 학교 도서관에 있는 책을 확인하고 학기 초 도서 목록 구입 등을 통해 책 23권을 확보했습니다. 만약 독서 토론 동아리를 운영하고 있다면, 그 예산으로 더 쉽게 학생들이 읽을 책을 구입할 수 있습니다.

처음 2주 동안은 학생들과 함께 『가방 들어주는 아이』를 자유롭게 읽었습니다. 그 후에는 책에서 중요하다고 생각되는 내용을 찾아 독서 퀴즈로 만들고, 그림을 그리면서 줄거리와 인물의 성격을 파악했습니다. 학생들이 만들어놓은 독서 퀴즈와 독후화를 활용해 인물의 마음을 알아보고, 책 속의 인물이 되어보기도 하며, 작가의 의도를 파악하면서 『가방 들어주는 아이』를 '제대로' 읽고자 했습니다. 이 책에 제시되어 있는 다양한 정보를 분석, 평가, 활용하는 과정을 거치면서 학생들은 기본적인 읽기를 넘어 주도적인 독서 역량도 기를 수 있었습니다.

북카페 활동 중 어떤 날은 발제자 역할을 하는 선생님이 그 분기에 맡은 책을 완전히 이해하고 요약 정리하여 다른 선생님들에게 알려줍니다. 발제자 역할을 하는 선생님은 분기별로 미리 정합니다. 발제를 맡을 때는 해당 도서를 좀 더 전문적이고 깊이 있게 읽을 수 있는 좋은 기회가 되었습니다.

또 어떤 날은 한 권을 두고 전체가 토론합니다. 자신의 생각을 자유롭게 표현하고 다른 사람들의 생각을 주의 깊게 들으면서 생각의 폭을 넓힙니다.

북카페 활동을 통해 책을 함께 읽으며 다양한 생각을 공유할 수 있었습니다.

목표가 반이다. 교사로서의 목표를 가지고 있는가?

개인 목표를 세워요

누군가에게 도움 되는 사람이 되자!

터닝포인트 수업 친구들에게 도움을 받은 것처럼 나도 누군가에게 힘이 되는 수업 친구가 되어주고 싶었습니다. 그리고 그 기회가 찾아왔습니다.

목표를 가지고 옮긴 새로운 학교에서 예비 교사들을 만났습니다. 교생 선생님들과 나누는 수업 대화는 바람, 열정, 도전, 노력, 성취감이 살아 있는 단편 영화 같았습니다. 한 차시의 수업을 고르고 한 시간의 수업을 위한 목표를 정했습니다. 학습 자료, 발문을 준비하고, 모의 수업과 수업 동영상 촬영하는 등 1차시의 수업을 위해 셋이서 함께하는 나

개인 목표를 동영상으로 남기기

개인 목표 만다라트

눈의 시간은 많은 보람을 가져다주었습니다.
더 큰 보람은 교생 선생님을 가르치려고 했던 제가 오히려 더 성장했
다는 점입니다. 교생 선생님들께 제가 배우고 있었던 것입니다.
누군가에게 도움이 되고자 했던 저는 함께 성장하는 기쁨을 누리게 되
었습니다.

– 동아리 선생님의 개인 도전 과제 중에서 –

우리는 해마다 중점을 두고 함께 연구하고 싶은 분야, 우리가
함께 이루고 싶은 목표가 무엇이 있을지 함께 고민하고 의논하여
결정합니다. 이때 개인 목표도 각자 정합니다. 이런 과정이 어느
정도 자리 잡혀 하나의 전통이 되었습니다. 목표 정하기를 통해
해마다 모임의 집중력과 목표 의식을 키워갑니다.

개인 목표는 개별적으로 동영상으로 기록을 남기기도 하고 만
다라트 학습지를 이용하기도 했습니다. 동영상으로 남긴 기록은
손발이 오그라들기도 하고 지키지 못했을 경우 부끄럽기도 하지
만, 두고두고 남을 자신만의 소중한 자료가 되기도 합니다.

수업나눔을 시작하시는 선생님들에게도 개인 목표를 먼저 세워
보기를 추천합니다. 상호 간의 레포가 형성된 수업 친구들에게 목
표에 도전하려는 마음을 보여주는 것이 목표를 수행하는 데 더욱
도움이 될 것입니다.

공동 목표를 세워요

"연구년을 보내고 있는데 1년 동안 열심히 참여해서 학교 현장으로 돌아갔을 때 변화를 가져올 수 있는 역량을 기르고 싶어요."

"올해는 꼭 수업 공개를 해보겠습니다."

"그 동안 교사 중심으로 수업을 계획했었는데 올해는 학생 중심 수업을 계획할 수 있도록 제 마인드를 바꿔볼래요."

"가벼운 마음으로 시작했는데 다른 분들 목표를 들어보니 더 열심히 해야 할 것 같아요. 우선 주어진 과제부터 충실히 해보겠습니다."

회원들의 개인 목표(도전 과제)를 바탕으로 하여 우리의 공동 목표를 세워보았습니다.

배우고 싶은 것도 많고, 함께 도전해보고 싶은 것도 많은데 학교와 가정에도 충실해야 하고…. 모두 잘해내기에는 힘이 모자라기도 하고 목표를 너무 높게 설정하여 힘들었던 실패와 좌절의 경험도 있었습니다. 수업나눔에 참여하며 성장의 기쁨을 맛보는 동시에, 때로는 모든 것을 내려놓고 하루하루 편하고 즐겁게 지내고 싶다는 생각이 들 때도 있었습니다.

그럴 때에는 함께하는 수업 친구가 성장하는 모습을 보며 나도 힘을 내야겠다는 자극을 받고, 또 서로 격려와 위로의 말로 우리의 작은 발걸음이 조금씩 앞으로 나아가고 있음을 상기하기도 했습니다.

영역		도전 과제	2015년	2016년	2017년	2018년
공동연구	교육과정 연구	과정중심평가			○	
		교육과정 재구성			○	
	교육 연구	수업 질문			○	
	수업 연구	온 책 읽기				○
공동실천	수업 공유	수업 공개 (동영상, 직접)	○	○	○	○
		수업나눔 (사전, 사후 협의회)	○	○	○	○
	수업나눔	수업 성찰 일지	○	○	○	○
		수업 아이디어 나누기	○	○	○	○
		자기 성장 일지	○	○	○	○
		수업나눔 카드				○
		수업 놀이 & 인성교육	○			
집단성장	연수 활동	사회적 기술		○		
		독서나눔	○	○	○	○
	교외 활동	사례집 발간	○	○	○	○

공동 목표 세우기

보통 12월 학년 말에 다음 해를 미리 준비하며 이야기를 나눴습니다.

교원 수업나눔 운동이 4년차에 접어들면서 다양하고 꾸준한 다른 수업나눔 동아리가 많아졌습니다. 배움의 공동체, 거꾸로 교실, PDC(학급긍정훈육법) 등 전문적인 주제로 꾸준히 수업나눔을 이어가는 동아리가 있는가 하면, 이것저것 배우고 싶고 알고 싶은 것도 많아 매년 새로운 목표를 세우는 동아리도 있습니다.

우리는 목표를 꼭 한 가지로만 국한하여 정하지는 않았습니다. 우리가 소화해낼 수 있다는 합의가 됐을 때는 두 가지 이상을 정할 때도 있었죠. 해마다 우리의 관심사도 조금씩 변했고, 우리에게 실질적으로 필요한 분야가 달라지기도 했습니다. 이럴 땐 목표를 수정하여 다시 정하고 서로를 다독였습니다.

수업 친구들과 함께 공동의 도전 과제도 정해보고, 개인적으로 도전하고 싶은 목표를 정해 수업 친구들 앞에서 다짐하는 활동으로 수업나눔을 시작해보면 어떨까요?

배움의 기회를 놓치지 말고 용기를 내자

좋은 연수나 행복한 배움의 기회가 있을 때 수업 친구들과 함께 합니다. 이런 기회가 있을 때 직접 가서 듣고 싶지만, 다른 선생님께 선뜻 함께 연수 들으러 가자는 말을 건네기가 쉽지 않습니다. 혼자서 가는 것도 내키지 않습니다. 이럴 때 수업 친구들에게 편하게 말을 건네봅니다.

단체 대화방에 "이런 강의가 있다던데, 전 가보려 해요. 함께하실 분 있나요?"라고 하면 관심이 있고 시간이 가능한 두세 분의 선생님이 "저도 가고 싶어요, 함께해요"라는 답을 주시거든요. 한 달에 두 번씩 행복한 배움을 나누고 있지만, 우리는 이렇게 좋은 기회가 생기면 모임의 시간과 공간을 확장하여 또 만나기도 합니다.

배우고 싶지만 혼자서는 용기가 나지 않을 때, 터닝포인트의 친구들이 언제나 함께합니다. '지니샘과 나누는 행복한 학급경영', '삶이야기와 교육 강좌', '감성 북콘서트', '과정중심평가', '교육과정 재구성', '혁신교육페스티벌'에 함께했습니다. 연수 후 수업에 어떻게 적용할까에 대한 고민을 나누고 경험을 나누는 시간은 언제나 의미 있습니다.

배우고 싶은 주제에 대한 뜻이 모이면 주제에 관심이 있는 다른 선생님이나 다른 동아리 선생님들도 함께 성장하고자 자유롭게 연수를 기획하기도 합니다. 내부 메일을 통하여 연수받기를 희망하는 다른 동아리 선생님들을 모집하여 배움의 장에 함께했습니다. 그림으로 생각하고 소통하는 비주얼 씽킹 연수, 거꾸로 교실의 학습법을 통한 학생 배움 중심 수업 연수 등 수업 역량 향상을 위한 다양한 프로그램이 마련되었습니다.

기록은 새로운 창조의 경험이다

일기를 써본 사람들은 알 것입니다. 함께 나누었던 대화, 다양한 경험, 소중한 추억들…. 기록하지 않으면 기억하지 못합니다. 수업 친구와 나누었던 수업 대화, 수업 디자인에 관한 수업 토크 등 수업나눔에 대한 모든 과정과 힐링의 순간들을 기록으로 남겼습니다. 기록하지 않았다면 함께 나누었던 그 많은 시간은 그저 흐르는 물처럼 지나갔을 것입니다.

기록은 훌륭한 자료가 됩니다. 온라인과 오프라인을 활용한 기록을 통해 수업나눔의 활동을 체계적으로 정리할 수 있습니다. 체계적으로 정리된 자료는 수업나눔에 관심 있는 여러 선생님들과 공유할 수 있습니다.

밴드나 카페를 활용해 기록해요

온라인 카페를 개설하여 수업나눔, 자기 성장 일지, 수업 배움터, 북카페, 활동 일지 등 수업나눔 활동과 관련된 자료를 꾸준히 올렸습니다. 우리는 게시한 자료들을 활발하게 공유하며 수업에서 다양하게 활용하고 있습니다. 활용 후기 또한 온라인 카페에 남겨놓습니다. 칭찬과 격려의 댓글도 이곳에서 이루어집니다. 4년 동안의 배움과 연구 과정, 수업나눔의 모든 것이 남아 있는 온라인 카페는 우리에게 든든한 보물창고입니다. 카페와 함께 개설한 밴드도 손쉽게 접속할 수 있는 온라인 창구입니다.

우리가 남긴 기록 중 으뜸은 '수업 토크'입니다. 수업나눔을 하기 위해 만난 날의 기록을 회원들이 모두 돌아가면서 일기처럼 써보는 활동입니다. 하루하루의 일기가 모여 한 권의 일기장이 되듯이, 각자 한 편씩 쓴 그날의 기록이 모여 수업나눔의 스토리가 만들어졌습니다. 10명의 회원들이 쓴 10편의 수업 토크를 보면 수업나눔의 그날이 그림처럼 그려집니다. 수업 토크를 통해 각 모임별 수업나눔 활동을 기억할 수 있었습니다. 기록이 중요하다는 것을 수업 토크 활동으로 실감할 수 있었습니다.

2016년 9월 27일 화요일   2016년 수업 토크 중에서 일부분 발췌한 내용

우리들의 회장, 수석 선생님의 도덕 수업을 직접 참관하기 위해 회원들이 모였습니다. '협동하는 마음을 다져보아요'라는 주제로 이루어진 4학년 도덕 수업에서 아이들은 서로 돕는 생활 태도와 마음 자세를 기를 수 있었습니다. 함께 '사각형 맞추기'라는 쪼개진 사각형 활동이 가장 인상적이었으며 이 활동을 통해 '협동'에 대해 생각해볼 수 있었습니다.

'협동', '공감', '소통', '배려'는 우리가 살아가는 데 꼭 필요한 요소이지만, 저절로 키워지는 요소는 아닙니다. 오늘 수업처럼 서로 돕고 함께 살아가는 우리 아이들이 되기를 바라면서 수업을 보았습니다.

수업이 끝난 후, 터닝포인트 회원뿐만 아니라 다른 선생님들까지 함께한 수업 협의회에서는 도덕적 덕목 교육 후 실천력을 높이는 방법에 관한 의견을 주고받았습니다.

아이들 실생활에 직접 관련이 있는 사례들을 모아 체감할 수 있는 이야기를 수업 소재로 활용하거나 협동 놀이와 같이 놀이를 활용하여 실제로 경험해보는 등 실천력을 높일 수 있는 방안과 타 교과와 연계하여 꾸준히 관심을 갖고 지도하기 방안 등 좋은 의견이 많이 나왔습니다. 평소에 의견을 나누기 어려웠던 타 학교의 선생님들과 함께한 수업나눔이라 더욱 의미가 깊었습니다.

…(중략)…

경청하기의 중요성

수업나눔 후에는 사회적 기술 중에서 '힘든 친구 격려하기'와 '경청, 공감하기'에 대해 알아보았습니다.

'기쁨은 나누면 배가 되고, 슬픔은 나누면 반이 된다'는 말처럼 서로에게 편안하게 기댈 수 있을 때 다시 일어날 힘이 생깁니다. 선생님은 '네 마음을 보여줘', '돌아가며 격려하기', '나는야 숨은 천사' 등 힘든 친구를 격려하는 다양한 활동을 소개해주셨습니다.

한 수업 친구가 수업 활동 중 힘들었던 순간이 있었다고 털어놓았습니다. 다른 선생님이 이전에 소개했던 활동 가운데 '돌아서 격려하기'를 해보았습니다.

"힘내!", "다 잘될거야!", "참 잘했어!", "우리가 있잖아!" 선생님들의 격려에 힘들다던 선생님도 힘이 났답니다. 말 한마디의 힘은 참 대단합니다. '경청'이란, 상대방이 이야기할 때 딴짓하지 않고 상대방의 눈을 바라보며 집중하여 들어주고 이야기 내용뿐 아니라 이야기 속에 담긴 감정까지 느끼는 것입니다. 아이들이 경청을 배우기 위해서는 교사가 먼저 경청해야 합니다.

···(중략)···

다시 말하기 카드, 듣고 그리기, 짝 대신 말하기, 3단계 인터뷰, 모둠 점검, 이야기 대화법, 경청 역할극, 사실과 느낌의 말 카드로 경청하기, 경청 신문 만들기 등의 활동을 통해 경청하는 방법을 알아보고, 그중에서 '듣고 그리기'를 해보았습니다. 한 사람이 그림에 대해 설명하면 나머지 모둠원이 들은 내용을 토대로 그림을 그리는 활동인데 생각처럼 쉽지 않았습니다.

경청도 연습이 필요하다는 것을 알았습니다. 솔로몬 왕이 중요하게 생각한 지혜 중 하나가 '경청하기'라고 합니다. 내가 '먼저' 경청해주고 내가 '먼저' 이해해주는 마음의 지혜를 가져야겠습니다.

오늘의 수업 아이디어의 이끔이 선생님은 '수업 기술의 법칙'을 소개해주셨습니다. 교육의 질은 교사를 뛰어넘을 수 없다고 합니다. 『아이들이 열중하는 수업에는 법칙이 있다』(무코야마 요이치 지음, 한형식 옮김, 즐거운 학교, 2012)라는 책에서 저자는 교육 현실의 변화를 위해 교사가 지금보다 더욱 전문가적인 능력과 역할을 가져야 한다고 말합니다. "한 사람의 한 걸음으로 인하여 다른 사람들이 한 걸음 나가게 된다"는 저자의 말이 인상적이었습니다. 우리의 한 걸음이 모든 선생님의 한걸음이 되었으면 좋겠습니다. 우리가 꾸는 꿈은 아이들의 참다운 배움을 위해서 함께 나아가는 것입니다. 우리의 꿈이 모두의 꿈이 되면 좋겠습니다.

사례집 발간을 통해 오프라인으로 기록해요

수업나눔 활동을 정리한 사례집을 만들어 오프라인 기록을 남깁니다. 수업나눔 과정과 그 결과물을 모아 해마다 한 권의 책으로 엮었습니다. 사례집은 수업나눔의 사진이나 활동을 기록하는 것을 넘어 수업나눔 과정을 더 깊이 있는 활동으로 만들어줍니다. 수업 친구 10명이 공동으로 디자인한 수업, 아이디어를 공유한 과정 등을 한 눈에 볼 수 있는 수업나눔의 4년의 역사가 담겨 있습니다.

　사례집은 우리의 기록을 다른 사람과 함께 나눌 수 있다는 장점도 있습니다. 제본비 정도만 투자하면 수업나눔에 열정적으로 참여했던 우리의 기록이 한 권의 멋진 책이 되어 돌아옵니다. 칼라로 생생하게 표현된 사진들을 보며 '아! 올 한 해도 정말 열심히 달려왔구나!' 하는 뿌듯한 기분도 느낄 수 있었습니다. 매해의 수업나눔 활동과 과정이 고스란히 담겨진 사례집은 배움의 기쁨과 나누는 즐거움을 오래도록 간직하게 해줍니다.

2부

교사와 학생이 행복한 교실 만들기

교사들의 작은 성장 이야기

'이럴 때는 어떻게 해야 하지?'

무능한 교사라고 생각할까봐 질문하기 두려웠습니다.

교실에 홀로 앉아 내 수업과 내 학생들은 왜 옆 반과 같지 않은지
고민했습니다.

교사로서 만족, 학교에서 행복 모두 찾기 어려웠습니다.

수업 친구를 만나 생각을 달리 하니 새로운 길이 보였습니다.

"이럴 때는 어떻게 하면 좋을까요?"

내 고민을 수업 친구들에게 물어보고, 좋은 방법을 받아들였습니다.

우리가 가진 경험을 나누고 의견을 들으며 좋은 해결 방법을
함께 찾아갔습니다.

**"교실에서 행복을 찾고 싶었습니다. 그래서 교실을 벗어나
서로 도움이 되는 이야기를 나누기 시작했습니다."**

행복한 교실은 노력으로
만들어진다

'수업 배움터' 활동 이야기

교실에서 '경쟁하지 말고 협동하고 배려하며 살라'고 가르쳤습니다. 하지만 항상 마음 한편에는 옆 반보다 우리 반이 잘했으면 했고, 다른 선생님의 공개수업을 볼 때는 평가와 비교의 시선을 놓기 힘들었습니다. 이런 아이러니한 상황이 또 있을까요? 무능하다는 말을 들을까 두려워 고민이 있어도 옆 반 선생님과 나누지 못하면서 학생들에게는 어떤 어려움이 있든지 대화로 해결할 수 있다고 가르쳤습니다. 옆 반 선생님의 생활지도 비결이 무엇인지 궁금해도 묻지 못하면서 학생들에게는 질문을 많이 하라고 가르쳤습니다.

수업나눔 동아리에 참여하고 수업 친구가 생기고서야 동료 선생님은 경쟁의 대상이 아니라는 것을 깨달았습니다. 동료 선생님과 노하우를 공유하는 수업나눔의 경험은 '교사로서 행복의 참맛'을 느끼게 해주었습니다. 업무 처리 기술이 늘어나고, 업무적인 인정을 받아도 그것이 교사로서의 행복과 자신감으로 이어질 수는 없습니다. 직업의 안정성과 방학의 존재 등도 교사의 행복을 보장하진 못합니다. 교사의 행복은 학교에서 수업으로 소통할 수 있는 친구 교사를 만나고 수업에서 성장하는 아이들을 볼 때 찾을 수 있었습니다.

수업나눔에 참여하여 동료 선생님들과 이야기를 나누기 시작하면서 행복한 학교, 행복한 교실에 구체적으로 다가갈 수 있었습니다. 서로가 가지고 있는 노하우를 좀 더 체계적으로 나눌 수 없을까 고민하다 '수업 배움터'라는 이름을 붙이고 활동해보았습니다.

'수업 배움터'에서는 행복한 교실을 위해 실천했던 내용이나 아이디어를 온라인 카페에 공유하고 직접 만나 더 자세한 이야기를 나눕니다. 회원들 모두가 리더가 되어 자신이 실천했던 교실 아이디어를 몸으로 보여주기도 하고, 활동한 사진도 게시합니다. 학급 경영에 관련된 다양한 자료를 찾아와서 보여주고, 고민도 같이 나눕니다.

선생님들이 그동안 연구해오고 학생들에게 적용했을 때 효과적인 배움이 일어난 다양한 활동 주제를 정리해보았습니다.

협력수업 방법	놀이형 체육수업
동화책 지도	학생주도형 자치활동
동물가족화 미술심리	인성교실 놀이
진로교육의 실제	효과적인 판서
열중하는 수업의 법칙	애니어그램을 활용한 상담기술

다양한 주제로 서로의 노하우를 공유하는 데 그치지 않고 교실에서 직접 적용하여 내 교실에 맞는 나만의 노하우로 만드는 것이 중요합니다.

재미와 의미를 다 잡는 교실 놀이를 고민하자

"2014년 12월 국회를 통과해 2015년 시행될 인성교육진흥법 알아?"

"건전하고 올바른 인성을 갖춘 시민을 육성하여 국가사회의 발전에 이바지함이 목적이라고 하던데…."

학교폭력예방교육과 함께 창의인성교육이 화두가 되고, 창의교육보다 인성교육에 더 집중해야 한다는 여론이 거세지던 어느 날이었습니다. 우리가 수업나눔 동아리로 함께 모여 공동목표를 세우고 활동을 시작한지 얼마 되지 않은 때이기도 했습니다.

한 선생님이 제안했습니다.

"올해에는 인성교육 연구에 도전해볼까요? 수업나눔의 방향을 인성교육 연구로 정해도 괜찮을 것 같아요."

학생들이 자신의 내면을 가꾸고 타인이나 공동체와 더불어 살아가는 데 필요한 역량을 기를 수 있도록 '선생님 놀아요! 친구야 놀자!'라는 주제로 인성교실놀이를 만들어 공유했습니다. 각자 준비한 좋은 놀이를 소개하고 수업친구들과 활동도 직접 해봤습니다. 놀이와 관련한 더 좋은 생각을 모으고 각자의 경험을 나누었습니다.

각 학급 및 학생 실태에 맞는 다양한 놀이를 소개받는 기쁨은 정말 컸습니다. 놀이규칙을 선생님들과 직접 바꿔가며 체험해보니 학생들에게 적용했을 때의 반응이 기대되고 빨리 해보고 싶었습니다. 교실로 돌아와 학생들과 활동해보니 아이들이 놀이 속 주인공이 되어 능동적으로 활동하고 행복해하는 모습을 볼 수 있었습니다.

1. 놀이 방법

① 자신의 왼손과 오른손을 엇갈리게 한 후, 상대방과 손을 잡는다.
(이 때, 왼손을 위로 할 지, 오른 손을 위로 할 지 한 가지로 결정해서 통일한다.)

② 잡은 손을 절대 놓지 않고 함께 협동하여 여러 방법을 강구해 엇갈린 손을 푼다.

③ 손을 잡고 둥글게 안을 바라보는 자세가 된다면 성공! 성공한 후에는 모둠원과 함께 또는 분단 친구들과 함께 꼬인 손을 풀기 미션에 도전해본다.

2. 놀이의 팁

① 요령을 익힐 수 있도록 시간을 준다. 일정한 시간이 지나면 아이들 대부분 요령을 알게 되는데, 서로 양보하고 협력하지 않으면 절대 꼬인 손을 풀 수 없다.

② 최종 목표는 반 전체의 꼬인 손 풀기로 하고, 목표를 정하거나 시간을 정해 도전하여 보상을 하면 반 전체의 단합에도 효과적이다.

❀ 핵심 역량: 대인관계능력 및 창의력   ❀ 인성 요소: 배려 ,협력, 양보

'학생주도 자치활동'으로 자율성을 길러주자

"정해진 종목을 연습해서 올리는 축제는 지겨워요~!"
"우리가 하고 싶어요. 종목도 정하고 연습도 우리끼리."

학기말 교육과정 운영 평가에서 축제 분야 문항에 답한 학생들 글입니다. 솔직히 살짝 짜증이 났습니다.

'모든 학생들의 의견을 들어줄 수도 없고, 학생들 의견대로 하면 댄스 종목으로만 가득할 텐데 어쩌라는 거지?'

하지만 꽤 많은 학생이 비슷한 이야기를 했기에 밤새 다시 생각해봤습니다.

'짜증만 낼 것이 아니라, 기존의 축제를 조금 바꿔볼 수 없을까? 학생들의 의견을 담아 기획부터 함께 준비해보면 어떨까?'

수업 배움터에서 학생주도 자치활동의 사례와 방안에 대한 고민을 나누었습니다. 학생들이 스스로 문제의식을 가지고 직접 참여해 만든 규칙이나 문제 해결 방법, 스스로 기획하고 자율적으로 운영하는 학생회 주도 행사, 자율동아리 운영 방법 등 학교에 돌아와서 바로 적용해보고 싶은 가치 있는 사례들이 많이 나왔습니다.

스스로 기획하고 운영하는 학생주도 행사를 진행하다

학생주도의 축제를 만들어보고자 고민했던 선생님은 수업 배움터에서 나눈 이야기를 토대로 축제에 변화를 일으켰고, 그 결과 학생들의 뜨거운 호응을 받았습니다.

일단, 축제 연습 때문에 교육과정에 공백이 생기지 않도록 동아리 시간을 적극 활용했습니다. 동아리 활동도 기존처럼 선생님이 일방적으로 정하지 않고, 학생들의 의견을 수합하여 '댄스부, 악기연주부, 수공예부, 요리부'로 정했습니다. 사람들 앞에 서는 것과 춤추는 것을 좋아하는 학생들은 댄스부를 선택하여 축제무대에서 보여줄 춤을 함께 구상하고 신나게 연습했습니다. 악기 연주 실력이 뛰어난 학생, 무대에 오르고 싶지만 정적인 활동을 좋아하는 학생들은 악기연주부에 들어가 자신들이 연주할 악기와 발표할 곡을 선정해 함께 연습했습니다.

수공예부와 요리부의 준비과정이 흥미로웠는데, 이 학생들은 무대에 오르기보다 축제 당일에 부스를 운영하여 색다른 경험을 하고 싶어 했습니다. 수공예부는 봉사하는 예쁜 마음을 가진 공방이라는 뜻을 담아 '봉심이 공방'이라는 예쁜 이름을 스스로 작명했습니다. 담당선생님께 리본핀 만드는 방법을 배워, 예쁜 헤어핀과 머리띠 같은 소품을 많이 만들어두었습니다. 축제 당일에는 부스를 직접 운영하며 핸드메이드 소품을 판매했고 마지막에는 1+1이벤트까지 벌여 완판시켰습니다. 수익금은 전액 기부했고요.

요리부는 동아리 시간을 이용해 축제 현장에서 즉석으로 만들 수 있는 요리를 구상하고 실습했습니다. 사전 준비도 철저했습니다. 축제 당일 요리부 아이들이 꾸민 부스에서는 떡볶이, 토스트, 미니 핫도그 등이 판매됐는데 인기가 최고였습니다.

선생님은 축제 예산을 활용하여 재료를 구입해주고, 활동이 원활하게끔 돕는 역할만 했을 뿐입니다.

학생이 문제점을 찾고 해결 방법도 생각하는 학급자치회

선생님은 학생들이 자신의 문제를 스스로 해결하고, 주변의 일에 관심을 가지며 능동적으로 참여하는 학생 자치를 이끌고 싶었습니다. 어떻게 하면 아이들이 서로 다름을 인정하고 나눔과 협력, 참여와 실천을 통해 문제를 해결하는 과정 속에서 공동체성을 다질 수 있을지 연구한 결과 선생님은 맞는 학급회의 노하우를 찾았습니다. 선생님은 학생들이 학급 운영이나 회의에 완전한 자율권을 갖기에는 아직 연습이 더 필요하다고 생각했고, 학생들도 선생님이 어느 정도 가이드라인을 제시해주기를 바라고 있었습니다. 1인 1역과 학급부서를 일원화한 선생님의 학급 자치를 운영방식은 학급 분위기에 맞게 잘 정착되었습니다.

선생님은 이렇게 아이들과 함께 학급을 운영하며 많은 것을 성취할 수 있습니다. 학생들의 문제 해결 능력, 주변의 일에 관심 갖는 태도, 협동하고 양보하는 문화와 소통의 장, 참여하는 민주 시민 양성 등을 성공적으로 이끄는 힘은 교사들이 먼저 함께 고민하고 실천하는 데서 나옵니다.

〈'1인 1역+학급부서 일원화'로 참여율을 높인 학급자치회의〉

① 앉는 모둠과 학급 부서, 1인 1역을 다음과 같이 일원화

- 각 학급 상황과 특성에 따라 학생들과 합의하여 부서 종류와 역할을 정합니다.

부서명	역할	담당자	공통
미화부 1모둠	칠판관리		1) 사물함 서랍 상태확인 (화요일) 2) 시청각실 청소(목요일)
	교재연구실 분리수거(수시)		
	청소도구함 정리 및 쓰레기 봉투 관리		
	우산통 관리		
급식방송부 2모둠	우유 배달		방송태도점검
	우유 배부		
	우유 정리 및 갖다놓기		
	급식관리		
학습부 3모둠	발표확인		학생 교과서 확인
	시간표 및 교과서 확인		
	칠판에 단원 쓰기		
	교과 전담 도우미		
생활부 4모둠	고운말 존댓말 사용 지킴이		생활공책 나눠주기
	교실복도 안전 지킴이		
	에너지 지킴이		
	휴대폰 관리		
도서부 5모둠	아침독서 독려 및 확인		뒷 게시판 작품 정리
	독서 마라톤 참여 독려 및 확인		
	안내장 배부 및 관리		
	학급 도서 정리 및 관리		
체육부 6모둠	스포츠클럽 활동 독려!		사진촬영
	체육시간 도우미		
	화분 및 화단관리		

② 학급자치회의 사전 활동

- 각 부서 반성 체크리스트를 통해 부서 활동 및 우리 반의 생활 모습을
반성할 수 있는 시간과 우리 반에 필요한 계획을 세울 시간을 충분히
갖습니다.

※ **학급회의 시작 전 부서별 회의 자료!!**
- 부원들과 우리 반의 생활 모습. 그리고 우리 부서 친구들의 활동 모습을 반성하고.
더 행복한 우리 반을 위해 다음 달 활동 계획을 함께 생각할 시간을 가지세요.

급식방송부 평가 반성			매우 잘함	잘함	보통	노력 요함
우리반 모습	급식실에 갈 때 질서있는 모습으로 이동하나요?					
	급식실에서 식사예절을 지키며 돌아다니지 않고 식사하나요?					
	급식을 남기지 않고 깨끗하게 먹고 있나요?					
	우유는 남기지 않고 제시간에 먹고 있나요?					
	먹은 우유통을 바르게 정리하나요?					
1인1역	우유 배달	맡은 역할을 성실하게 했나요?				
	우유 배부	맡은 역할을 성실하게 했나요?				
	우유 정리	맡은 역할을 성실하게 했나요?				
	공동 역할 : 급식 관리	맡은 역할을 성실하게 했나요?				
잘된 점		부족한 점				
일꾼상 후보		다음 달 활동 계획				

※학급회의 할 때 부서 회의 결과를 발표 할 때 활용하세요.

*** ○○부 ( )월 활동에 대한 평가 반성입니다.
우리반의 잘된 점은 ( )이며 ( )은 잘 되지 않았습니다.
우리반 친구들이 앞으로 ( )을 잘 지켜주었으면 좋겠습니다.
저희 부서의 활동 중에 ( )이 잘 되었으며 ( )이 부족했습니
다. 그 중 ( )역할을 맡은 ○○○어린이를 이 달의 일꾼상 후보로 추
천합니다. 왜냐하면 ( ). 다음달에는 ( )이 더욱
잘 될 수 있도록 노력하겠습니다.

③ 존중과 배려, 참여와 소통으로 모두가 주인이 되는 행복한 학급회의

학급회의 진행

★ 회의 원칙 공지(게시 또는 함께 읽기)
1. 모두가 평화로운 교실을 위해 내가 조금 불편할 수 있다.
2. 나만(나랑 친한 몇 명만) 좋은 것이 아니라 모두에게 좋은 방법을 선택한다.
3. 진지하게 한다. : 장난 치지 않기
4. 진심을 전한다. : 같은 말이라도 상처받지 않게 표현하기
5. 듣기가 먼저! 사회자의 말에 잘 따르고 다른 친구의 발표를 경청한다.

★ 부서별 사전 회의 하기
- 부서별 회의 자료로 회의 충분히 하기

1) 개회 선언
● 회 장: "지금부터 제(   )회 학급 학생회를 시작하겠습니다."
○ 회 원: 모두 박수를 친다.

2) 부서별 반성 및 계획
● 회 장: "다음은 각 부서별 반성 및 계획 발표가 있겠습니다. 반성 내용 중 좀 더 노력할 사항과
　　　　 앞으로 계획을 학급 어린이회 시간에 구체적으로 토의하고 실천하여 주시기 바랍니다.
　　　　 생활부부터 발표해주십시오."
　　　　 (생활부→미화부→학습부→급식방송부→도서부→체육행사부 순)
○ 회 원: 각 부서별 반성 및 앞으로의 계획을 발표한다.
▦서 기: 각 부서의 반성 및 계획을 칠판에 판서한다.

● 회 장: "각 부서의 평가 및 계획 잘 들었습니다. 오늘 평가를 바탕으로 앞으로 더 나은 활동
　　　　 부탁드립니다.

3) 성실 일꾼 뽑기
● 회 장: "다음에는 성실 일꾼 뽑기가 있겠습니다. 각 부서에서 추천한 어린이들 중에서 성실 일꾼을
　　　　 선정하겠습니다. 우리 반을 위해 맡은 일을 열심히, 묵묵히 한 친구를 뽑아 칭찬하고 고마운
　　　　 마음을 전하겠습니다.
　　　　 나눠주는 쪽지에 후보 중 한 사람을 골라 이름을 써 주시기 바랍니다."
○ 회 원: 쪽지에 성실 일꾼 1명의 이름을 작성한다. (비밀투표)
▦남 회장: 쪽지를 나누어 준 후, 다 작성된 쪽지를 모아온다.

● 회 장: "그럼 이제 개표를 시작하겠습니다."- 투표지에 적힌 이름 호명
▦서 기: 회장과 함께 개표를 시작한다. - 바를 정(正)으로 칠판에 표시

●회 장: "개표결과 ○○○님이 성실 일꾼으로 선정되었습니다. ○○○님은 일어서 주시고 모두
　　　　감사와 축하의 박수를 쳐주시기 바랍니다."
⊕회 원: 모두 박수를 친다.
●회 장: "후보에 오른 분들과 오르지 못했더라도 1인 1역을 열심히 해주신 모든 분들
　　　　고맙습니다. 모두 함께 열심히 자신의 역할을 다 합시다."

4) 함께 지키는 약속 정하기
●회 장: "다음에는 이번 달 약속 정하기 시간입니다. 이번 달 회의 주제는 (　　　)입니다.
　　　　이 문제를 해결하기 위하여 우리가 지켜야 할 약속을 발표하여 주시기 바랍니다."

⊕회 원: 회의 주제에 알맞은 우리의 약속을 여러 가지 발표한다.
▦서 기: 회원들이 발표한 약속들 후보를 칠판에 판서한다.

●회 장: "지금부터 함께 지키는 약속에 대한 투표를 진행하겠습니다. 각자 두 번 손을 들어 동의
　　　　표시를 할 수 있습니다. 첫 번째 의견에 동의 하시는 분 손을 들어 주십시오. ~ ○번째
　　　　의견에 동의 하시는 분 손을 들어 주십시오.
⊕회 원: 자신이 좋다고 생각하는 약속에 각 각 두 번씩 거수로 투표한다.
▦서 기: 회원들이 거수 투표한 내용을 바를 정(正)으로 칠판에 판서한다. 선정이 된 두 가지
　　　　실천사항만 두고 나머지는 지운다.

●회 장: "(　회의 주제　)를 위해 우리 반에서 지켜야 할 약속은 (　　　)로 정해졌습니다. 다 같이
　　　　큰 소리로 읽겠습니다."
⊕모두 '함께 지키는 약속 낭독'
　　　: 우리는 (　　　)를 꼭 하겠습니다.

5) 건의사항
●회 장: "다음은 건의사항입니다. 우리 반이나 우리 학교에 대한 건의사항이 있으면 말씀해 주시기
　　　　바랍니다."
⊕회 원: 반이나 학교에 대한 건의 사항을 몇 가지 발표한다.

6)폐회
●회 장: "이상으로 제(　　)회 학급 학생회를 마치겠습니다."
⊕회 원: 회원은 모두 박수를 치고 회의를 마친다.

학생 스스로 자율동아리를 만들다

학생이 스스로 기획하고 운영하는 축제를 성공적으로 만들어간 선생님은 학생들의 자치 능력을 더 키워주고 싶은 생각에 학생이 원하는 부서를 만들어 운영하는 학생 자율동아리를 기획했습니다. 이 동아리는 활동하고 싶은 분야가 같은 친구들끼리 모여 회원을 직접 모집하고, 동아리를 맡아줄 선생님을 직접 찾아가 부탁합니다.

동아리 선생님의 역할은 동아리가 활동할 수 있는 공간 제공, 안전 지도, 원활한 진행 관리 등입니다. 선생님의 일이 많아 보이지만, 사실 학생들 뒤에서 지켜보고 지지해주는 것이 가장 큰 역할입니다.

동아리는 대개 학생들이 자율적으로 정한 규칙에 따라 운영되는데 스스로 원해서 만들고 가입한 동아리인 만큼 학생들의 참여도와 만족도가 매우 높았습니다.

학생들이 직접 만들고 조직한 자율동아리는 댄스부, 조립부, 축구부, 목공부, 생태부 등으로 교사의 생각보다 더 다양하게 만들어졌습니다.

이밖에도 학생들이 적극적으로 자신의 생활에 참여하고 관심을 갖게 할 학생 주도 자치활동은 무궁무진합니다.

학생들에게 스스로 할 수 있는 기회를 주는 것도 분명 교사의 몫일 겁니다.

<다양한 학생주도 자치활동 모습>

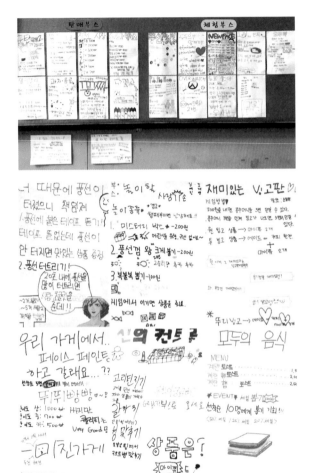

— 기획부터 홍보 · 운영까지 학생들이 직접 주도한 학생 자치 행사
— 높은 참여율을 보이는 학생주도 자율동아리

제3회 두레장회의결과

◆안건: 4학년 전체 행사 정하기

자기가 원하는 행사에 스티커 붙이기(한사람당 한표만)

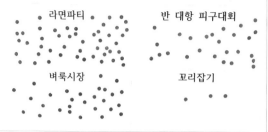

| 라면파티 | 반 대항 피구대회 |
| 벼룩시장 | 꼬리잡기 |

2017학년도

4학년 반별 두레장 선거 공고

4학년 반별 두레장 선거를 다음과 같이 실(시)함을 공고합

다   음

1.선출임원: 두레장 4명
   1~4반까지 각별로 1명씩
2.선거일: 2017년 5월 1일 (월)
3.장 소:강당
4.입후보자 자격 및 선출 방법:
   ① 자격:4학년 재학생으로 담임교사와 투표 권자 6~7명의
      추천을 받은 이동
   ② 후보등록일시: 4.19 (수) 부터~4.20(목) 14:00 까지 각 반
      선거관리위원 에게
   ③ 기호추첨일시:4.20(목) 14:10(4-3교실)
   ④ 선전물게시:4.26(수)~4.28(금) 1인당 4장지 1매
   ⑤ 소견 발표 및 한표 변:5.1(월) (강당)

            2017년 4월 18일
            전래초등학교 4학년 선거관리위원회

– 학년의 문제에 적극적으로 참여하는 학년 두레
– 학급의 문제를 스스로 해결하는 학급 자치

2장

교실 속 질문을 꺼내어
수업 수다를 떨자

'수업, 질문을 만나다' 활동 이야기

올해 우리 반 친구 중에 이런 친구가 있어요. 그 친구는 언제나 멍하니 앉아 있다가 쉬는 시간만 되면 복도나 교실에서 노느라 정신이 없어요. 주의를 주지 않으면 수업에 늦을 때도 종종 있어요.

수업 시간에 그 학생의 행동을 자세히 살펴보면, 멍하니 앉아 있거나 발표할 기회를 주면 손톱만 물어뜯습니다. 인내심을 가지고 발표할 때까지 기다려주면 마지못해 기어드는 목소리로 짧게 자기의 생각을 표현하지요.

그런데 그 학생의 목소리가 커지는 때가 있어요. 바로 친구들과 놀이로 활동할 때나, 모둠 친구들과 함께 과제를 해결하는 놀이를 할 때이지요. 마치 그 친구는 놀이만 좋는 아이 같아요. 그때만큼은 눈도 초론, 마음도 행복하지요.

그 학생을 봐도 그렇고 놀이 활동이 아이들을 행복하게 하고 살아 있는 교육활동은 놀이 활동 같아요. 그래서 단위수업 안에 놀이 활동을 자주 넣어서 수업을 진행하는데 여전히 고민이 되네요.

선생님은 평소 수업하시면서 어떤 점이 가장 힘드신가요? 수업을 하는 교사가 수업에서 직면한 어려움, 질문이 생길 때는 어디에 물어봐야 할까요? 이렇게 놀이 활동을 할 때만 생기가 도는 학생을 어떻게 대해야 하는지, 도무지 알 수 없었습니다. 이런 질문에 시간을 할애하여 함께 이야기를 나눌 사람도 시간도 없었습니다. 또, 바쁜 일상 속에서 이런 질문들은 머릿속에 머물다가 기억상실증에 걸린 듯 스르륵 사라지기도 했습니다. 그러다가도 교실속에서 고이고이 쌓인 질문들이 해마다 잊을 만하면 다시 고개를 들기도 합니다. '아, 작년에도 이런 경우가 있었는데 해결하지 못한 채로 또 같은 상황이네' 하며 고구마를 삼킨 듯 가슴이 답답하기도 했습니다.

수업나눔을 하면서 선생님들의 주요 고민을 들어주고 함께 해결하면 좋겠다는 생각을 했습니다. 그래서 2017년에는 '수업, 질문을 만나다'라는 이름으로 수업이나 생활지도면에서 선생님들이 고민하는 문제를 다루어보았습니다. 개개인의 가장 고민되는 수업 고민을 질문으로 만들어 게시하고 그 질문에 대해서는 기간을 정해 다양한 방법을 찾아서 생각한 뒤 좋은 해결책을 카페 게시판에 올리도록 했습니다. 그런 뒤 모임 때마다 서로가 가진 경험을 나누고 의견을 들으며 좋은 해결 방법을 찾는 수다 떨기 활동을 했습니다.

10명의 수업 친구 각자가 가진 노하우에도 불구하고, 학교에서 부딪히는 이런 질문들에는 최고의 해결책도 정답도 찾을 수 없었습니다. 다만 이런 질문에 대해 깊이 고민하고 수다를 나누며 최선의 해결책을 찾아가려 노력했다는 데 의미가 있을 것입니다. 내 질문에 진지하게 수다를 떨어주는 수업 친구들 덕분에 답답한 가슴이 뻥 뚫리는 기분도 느낄 수 있었습니다.

〈'수업, 질문을 만나다' 질문 모음〉

Q1. 교육과정-수업-평가 일체화 어떻게 하나요?

Q2. 수준, 학력, 무기력함 등의 원인으로 활동에 걸리는 시간이 다를 경우 어떻게 지도할까요?

Q3. 발표를 싫어하는 고학년 생각나눔, 어떻게 지도할까요?

Q4. 시도 때도 없이 고자질하는 학생, 어떻게 지도할까요?

Q5. 질문이 있는 교실, 학생 중심의 수업은 어떻게 만드나요?

Q6. 교육과정과 평가를 포함해 학습을 정리하는 방법은 없을까요?

Q7. 놀이나 활동 외에 자발성을 유도하는 방법은 없을까요?

Q8. 학생의 성장 기록, 어떻게 남기면 좋을까요?

이상은 회원들 사이에서 수다가 가장 많고 고민이 깊었던 질문 8가지입니다. 이 8가지 질문에 대한 수다를 독서모임 선생님들과도 나누었습니다.

선생님들의 질문에 대해 최선의 해결책을 찾아보려고 함께 노력하지만, 각 교실 상황에 맞는 해결책이 다를 수 있고 아직 생각 못 한 방법도 어딘가 있으리라 생각합니다.

우리가 질문하고 우리가 답하는 '수업, 질문을 만나다'

Q1. 교육과정-수업-평가 일체화 어떻게 하나요?

요즘 과정중심평가가 부각되고 있습니다. 교육과정에 의거해서 수업을 계획히는 것끼지는 알겠는데, 과징중심평가는 도내체 어떻게 하라는 것일까요?

교육과정-수업-평가는 일체화되어야 합니다. 수업계획을 세울 때는 평가계획도 함께 세워야 합니다. 수업이 이루어지는 동안 평가도 함께 이루어집니다. 선생님들께서는 수업하기도 바쁜데 평가까지 해야 한다니 힘드실 겁니다. 그럼에도 불구하고 교육과정-수업-평가 일체화를 위해서 선생님들이 알아두시면 좋을만한 내용을 안내하고자 합니다.

♣ 우리들의 생각나눔

첫째, 학교는 학생에게 평가 결과에 대한 적절한 정보 제공과 함께 추후 지도로 학생이 학습을 성찰하고 개선하도록 돕습니다.

둘째, 교수학습과 평가 활동이 일관성 있게 이루어져야 합니다.

셋째, 결과뿐만 아니라, 학습의 과정을 평가하여 교육목표에 도달할 수 있도록 합니다.

넷째, 과정을 보지 않고 결과만으로 A-B-C 평가가 이루어질 경우 협력과정이나 노력에 대한 평가가 반영되지 못하는 문제가 발생합니다. 기능, 능력뿐 아니라 협력 등에 대한 전인적 평가가 이루어져야 합니다.

다섯째, 성취기준을 본인의 용어로 정리할 필요가 있습니다.

여섯째, 각 상황에 따른 해결 방안을 생각해야 합니다.

Q2. 수준, 학력, 무기력함 등의 원인으로 학생마다 활동에 걸리는 시간이 다를 경우 어떻게 지도할까요?

개인차 때문에 가장 힘든 수업은 수학입니다. 선행학습을 통해 진도의 내용을 이미 알고 있는 학생과 구구단도 외지 못하는 학생을 한 교실에서 지도해야 하니까요. 문제를 빨리 해결한 학생들에게는 책을 읽으라고도 하고 학습지를 더 만들어놓기도 합니다. 그런데 이게 최선일까요?

만들기나 그리기 등의 활동을 하는 경우에도 시간차가 생길 수밖에 없습니다. 무엇을 하든지 아무 관심이 없는 학생도 있습니다. 이런 경우에는 어떻게 하시나요?

평상시 수업 시간, 수학 시간, 미술 시간(활동 시간) 그리고 특별히 도움이 필요한 학생으로 나누어 생각해보았습니다.

♣ 우리들의 생각나눔

상황	해결을 위한 경험 및 생각 나누기
일반 수업	- 학생별 수준이 골고루 들어가게 모둠을 구성한다. - 모둠 구성원이 할 일을 자세하게 안내한다. - 결과물뿐만 아니라 모둠 활동 과정도 중요함을 꼭 안내한다.
수학 시간	- 일찍 해결한 학생을 또래 교사로 활용한다. - 어려운 문제의 경우 칠판에 풀고 설명하게 한다. - 다른 학생들을 방해하지 않는 선에서 놀이 활동과 같은 보상을 준다. - 수학익힘 점검표를 활용한다. - 연산활동의 경우 수학익힘까지 해결한 친구들에게 그룹(4명, 2명 등)을 조직하여 새로운 문제를 내고 풀게 한다.
미술 시간 (만들기, 그리기 등의 활동)	- 작품이 끝나는 대로 칠판 앞이나 교실 뒤에 게시하게 하여 감상한다. 포스트잇이나 학습지를 활용하여 잘된 점을 찾아 쓰거나 고쳤으면 좋은 점도 쓰게 하여 상호 평가한다. 5작품 이상을 감상하도록 미리 미션을 제시할 수도 있다.
도움이 필요한 학생	- 학습부진의 정확한 원인을 파악한다. - 도움을 줄 수 있는 학생과 가까이 자리를 배치하여 보고 배울 수 있는 기회를 제공한다. - 그 학생이 좋아하거나 잘하는 활동을 할 수 있는 기회를 제공하여 성취감을 맛볼 수 있게 한다.

Q3. 발표를 싫어하는 고학년 생각나눔, 어떻게 지도할까요?

발표는 수업에 활기를 더하고 학생에게 자기 표현의 기회를 줍니다. 그런데 왜 학년이 올라갈수록 발표를 하지 않는 학생들이 늘어나는 것일까요?

타고나길 수줍은 성격일 수도 있고, 언젠가 한번 발표했다가 정답이 아니어서 민망했던 경험, 누군가로부터 상처를 받은 경험, 무기력 등 다양한 원인이 있을 것입니다. 요즈음에는 발표를 강요하지 않는 분위기도 있지만 수업 시간에 자신의 생각을 표현하고 나누는 연습은 꼭 필요합니다. 하지만, 이런 다양한 이유로 발표를 싫어하는 학생들에게 자기 표현의 기회를 어떻게 만들어줄 수 있을까요? 모둠별로 경쟁을 시키는 경우도 있는데, 이 경우 효과는 뛰어나지만 경쟁에 대한 부담과 다른 모둠원 눈치 보기 등의 부작용이 생길 수 있습니다.

♣ 우리들의 생각나눔

첫째, 수업을 '그림 읽기 활동'으로 시작합니다. 이 활동은 대체로 저학년 학생들에게 적합하지만 모든 학년의 단원 첫 시간에 활용할 수도 있습니다. 예를 들어 사회 교과서는 단원 첫 장마다 그 단원 내용이 담긴 다양한 그림이 나옵니다. 그 그림을 보며 알 수 있는 내용을 한 명씩 발표합니다. "초가집이 있습니다." 그러면 그 말을 들은 전체 학생들이 응답합니다. "초가집이 있습니까?" 이 활동을 하려면 친구가 하는 말을 잘 들어야 합니다. 이 활동을 통해 아이들은 이 단원에서 공부할 내용을 쉽게 파악하게 됩니다.

방법	-평서문을 의문문으로 바꾸는 활동 예) 그림을 통해 알 수 있는 내용을 한 명씩 '~~~다'라는 문장으로 말하면 전체 학생이 '~~까?'로 바꾸어 응답하기
실습 및 효과	-회원들끼리 실제 실습을 해보며 이 방법의 장점을 알고 실제 수업에 적용을 다짐 -학생들의 발표력 및 경청하는 능력, 관찰력까지 키울 수 있음
적용 및 주의 할 점	-저학년, 단원개관 등에 활용하기 좋음 -단, 교사가 학생의 대답에 '좋은 질문이다'와 같은 평가를 하는 것은 주의해야 함

둘째, 발표의 기회를 많이 줍니다. 수업 시간뿐만 아니라, 평소에 무겁지 않은 주제로 발표할 기회를 자주 줍니다. 아침 시간을 이용해 어제 있었던 일이나 기억에 남는 일, 또는 하고 싶은 말을 하는 시간을 주면 좋습니다. 이런 기회를 통해 발표에 대한 거부감을 없애고 입을 열 수 있는 분위기를 만들 수 있습니다.

셋째, 모둠 토의 시간을 통해 자기 생각을 말할 기회를 자주 주는 것도 좋습니다. 전체 앞에서는 입을 열지 못하는 아이도 모둠에서는 자신의 생각을 신나게 말하는 모습을 볼 수 있습니다. 지나치게 무기력한 고학년의 경우에는 학생들이 몰입해서 신나게 말할 수 있는 주제를 신중하게 선정하는 노력이 필요합니다.

Q4. 시도 때도 없이 고자질하는 학생, 어떻게 지도할까요?

"친구가 이랬어요, 저랬어요"하며 쉴 틈 없이 고자질하는 학생! 어려운 일이 있을 때 선생님께 모두 말하라고는 했지만, 무슨 일이든 혼자 해결하지 못하고 지나치게 이것저것 말하는 학생들이 있습니다. 어떻게 해야 할까요?

딱히 정해진 답은 없습니다. 어떤 신생님은 고자질을 못하게 했다가 학급에서 일어나는 친구들 사이의 다툼이나 따돌림을 모르고 지나친 경우도 있거든요. 그렇다고 아주 사소한 얘기까지 다 들어주자니 지치기도 하고 그 고자질로 인하여 친구들 사이가 벌어지기도 합니다. 고자질을 지도하려면 학기 초부터 선생님이 신경 써서 교육해야 합니다.

선생님이나 학생들의 개인적인 특성 및 주변 상황에 따라서 교육 방법이 달라질 수 있습니다.

♣ 우리들의 생각나눔

첫째, 학기 초 '고자질'과 '사실 알림'에 대하여 명확히 설명해 줍니다.

둘째, 일관성 있는 지도가 필요합니다.

셋째, '사실은 나도 저 친구들과 함께 놀고 싶어요'라고 말하는 건 아닐까요? 학생이 말하고 싶은 진짜 속마음을 알아보아야 합니다.

넷째, 글로 써보게 합니다. 글을 쓰면서 생각해보다가 화가 풀리기도 하고 스스로 방법을 찾아 해결하기도 합니다. 다음은 선생님들이 활용할 수 있는 글쓰기 자료입니다.

선생님께 정중하게 말씀드리겠습니다.

글쓴이:

* 꼭 선생님께 말씀드려야 할 중요한 일만 씁니다.
* 내용을 자세하게 씁니다. (내용이 부족하면 기각됨)
* 다른 친구가 혼나길 바라는 나쁜 마음으로 쓰지 않습니다.
* 글씨는 최대한 바르게, 알아보기 쉽게 또박또박 씁니다.

언제		어디서		누가		누구에게	
무엇을 어떻게 했는지							
최대한 자세하게 쓰기							
그 친구가 왜 그랬을까? (마음 헤아리기)							
혹시 내가 잘못한 점은 없을까?							
옆에 있었던 사람(목격자, 증인)							

Q5. 질문이 있는 교실, 학생 중심의 수업은 어떻게 만드나요?

'질문 있는 교실'은 살아 있는 교실이라고도 합니다. 학생들 스스로 질문하고 협력하며 토론하는 교실을 위해 수업나눔 동아리 회원들은 '하브루타'를 공부했습니다. 그리고 '질문 있는 교실'을 위한 구체적인 방법을 함께 고민해보았습니다.

♣ 우리들의 생각나눔

첫째, 스스로 질문을 만들어 짝에게 물어보고 답하는 활동을 합니다. 매번 좋은 질문이 나오지는 않겠지만 아이들은 자신이 만든 질문을 발표하는 활동을 흥미로워합니다.

둘째, 질문을 통해 생각을 키울 수 있도록 합니다. 질문 놀이, 그림 보고 질문 만들기, 내용과 주제를 이해하는 질문 만들기를 통해 깊게 생각해보는 시간을 가집니다.

셋째, 학생이 오답을 말하더라도 긍정적으로 반응합니다. 질문하는 경험, 답하는 경험, 틀리는 경험, 맞추는 경험 등 다양한 질문 만들기 경험을 통해 질문하기에 대한 두려움을 떨치고 질문이 있는 교실로 나아갈 수 있을 것입니다.

Q6. 교육과정과 평가를 포함한 학습 정리 방법은 없을까요?

자신의 생각을 정리할 수 있는 노트 필기는 수업에서 아주 중요합니다. 특히 고학년의 경우에는 노트 필기를 통해 학습능력을 기를 수 있습니다.

다음은 코넬식 정리 방법입니다. 이 노트 필기 방법은 기억에 오래 남고 수업 정리와 평가가 연계될 수 있는 장점이 있습니다.

♣ 우리들의 생각나눔

첫째, 코넬 공책은 정형화된 방법으로 수업 후 독립적인 2차 복습이 가능하다는 장점이 있습니다. 가장 단순하고 쉬운 기록

방법이면서도 주요 주제나 핵심단어(키워드)를 쉽게 기억할 수 있게 도와줍니다. 코넬 공책을 활용한 노트 필기를 통해 기억력을 향상시키고 공부하는 시간도 절약할 수 있습니다.

둘째, 코넬 공책은 크게 제목 영역, 공책 필기 영역, 키워드 영역, 요약 영역으로 구성돼 있습니다.

셋째, 키워드 영역을 정리하는 활동을 통해 학생은 '중요한 내용이 무엇인가?'에 대해 끊임없이 생각하게 됩니다.

넷째, 학습문제를 다시 살펴보며 그 답을 학생 자신의 말로 진술하게 하여, 공부한 핵심 내용을 정리하고 평가해보는 시간을 갖게 합니다.

다섯째, 스스로 복습하여 그날 배운 내용에 대한 완전학습이 이뤄지도록 하고 다음 날 아침, 체크리스트를 통해 학생이 스스로 점검한 후 교사에게 검사를 받게 합니다. 이런 과정을 통해 학습자 스스로 주제가 되어 생각하는 수업이 되도록 이끌 수 있습니다.

코넬식 노트 기법의 4영역

1. 제목 영역

2. 필기 영역 (노트)

3. 키워드 영역 (단체)

4. 요약 영역

Q7. 놀이나 활동 외에 자발성을 유도하는 수업방법은 없을까요?

수업 시간에 무관심하고 소극적인 학생이 놀이 활동에는 적극적으로 참여하는 모습을 보입니다. 평상시 수업을 놀이 활동처럼 한다면 무기력하거나 소극적인 학생은 없을 것입니다. 놀이만큼 학생들이 좋아하는 활동은 없겠지만 모든 수업을 이런 활동으로 구성하기는 힘듭니다. 또 모든 수업에 놀이가 효과적인 것은 아닙니다. 그럼 어떻게 하면 놀이 활동처럼 학생들을 수업으로 끌어들일 수 있을까요?

♣ 우리들의 생각나눔

첫째, 학생들을 학습에 적극적으로 끌어들일 수 있는 방법으로 학생들에게 주도권을 넘기고 활동하게 하기, 일상생활에서 자주 접하는 경험을 소재로 활용하기, 생각을 넓히는 조작활동이나 관찰 및 감상하기, 최근 교육용 소프트웨어 프로그램 활용하기 등이 있습니다.

둘째, 수업에 학생을 참여시키는 방법으로 수업의 흐름 바꾸기, 시작과 끝을 분명하게 선 긋기, 모두 손을 들게 하기, 타이머 활용하기 등이 있습니다.

Q8. 학생의 성장 기록, 어떻게 남기면 좋을까요?

학생의 성장 기록을 만드는 방법으로는 학급 문집 형식이 가장 일반적입니다. 학급 문집은 선생님이 들이는 노고에 비해 학생들이 쉽게 버리는 책이 될 것 같은 염려때문에 도전하기가 꺼려졌습니다.

그러나 아래와 같은 다양한 방법으로 학급 문집을 제작한다면, 학생들에게 정말 의미 있는 성장 기록이 될 것이라는 생각이 들었습니다.

♣ 우리들의 생각나눔

첫째, 학생의 성장 기록을 남기는 방법으로 온라인 문집 또는 책 문집을 활용합니다.

둘째, 문집은 학생들의 글이 평등하게 실리고, 학생들의 삶이 녹아 있으며, 학년 수준에 맞는 것이 좋습니다.

셋째, 발행 시기에 따라 학기 문집과 학년 문집으로, 글의 갈래에 따라 일기, 시, 산문, 편지 문집으로 다양하게 기획할 수 있습니다.

넷째, 문집 제작을 위해 가장 먼저 해야 할 일은 아이들의 사진, 그림, 작품을 모으는 것입니다. 사진을 행사별, 학생별로 골라 학급 문집용 폴더에 미리 복사합니다. 현장 체험학습, 쉬는 시간 등 주제별로 분류하면 더욱 좋습니다. 폴더 1개를 1장의 페이지로 생각하며 학급 문집 목차를 짜봅니다.

다섯째, 사진과 작품 제작이 학생의 역할이라면 스캔, 최종 편집, 인쇄 작업은 선생님의 몫으로 하면 학생들과 함께 힘을 모아 만들어가는 과정도 기억에 남아서 좋습니다.

재잘재잘, 수다 떨며 알아보는 '과정중심평가'

"과정중심평가가 무엇인가요?"

"수행평가와 과정중심평가는 같은 말인가요?"

"그동안 우리가 해왔던 형성평가가 과정중심평가인가요?"

2015 개정교육과정이 적용되는 2017년은 '교육과정-수업-평가 일체화', '과정중심평가' 라는 단어가 핵심 키워드였습니다. 학교 단위나 연수원 단위의 연수에도 평가에 관한 연수가 대부분이었습니다. 초등학교에서 일제형 지필평가가 없어지자 학생, 학부모, 교사 모두가 새로운 평가방식에 대한 고민과 우려를 갖게 됐습니다. 우려가 많았습니다.

2015 개정 교육과정에서의 인재상은 '바른 인성을 가지고 인문학적 상상력과 과학 기술 창조력으로 새로운 지식을 창조하고 다양한 지식을 융합하여 새로운 가치를 창출할 수 있는 창의 융합형 인재'입니다. 미래 사회에서 요구하는 6가지 핵심 역량(자기관리 역량, 지식정보처리 역량, 창의적 사고 역량, 심미적 감성 역량, 의사소통 역량, 공동체 역량)은 학생들의 삶과 관련되어야만 하는데 지식 암기 위주의 수업과 평가로는 이런 역량을 측정하기가 어렵습니다.

과정중심평가는 '교육과정 성취기준에 기반한 평가 계획에 따라 교수 학습 과정에서 학생의 변화와 성장에 대한 자료를 다각도로 수집하여 적절한 피드백을 제공하는 평가'입니다. 평가를 교수 학습과 연계된 과정으로 이해하며 학습 과정에 대한 피드백, 흥미, 태도 등 정의적 영역까지도 포함하는 것이라 할 수 있습니다.

2017년에는 과정중심평가에 중점을 두고 연구하며 수다를 떨어보기로 했습니다. 그 자리에서 나온 교육과정-수업-평가에 대한 생각과 질문을 모아보았습니다.

교육과정-수업-평가-기록에 관한 질문으로 고민하다

교육과정에 관한 질문

− 수업에서 교육과정 내용을 모두 다 빠짐없이 가르쳐야 하나요?
− 수준별 수업이 어려워요. 어떻게 해야 하나요?
− 교육과정 재구성, 어디까지 가능할까요? 교과서를 전혀 사용하지 않아도 될까요?
− 교육과정 재구성 시기는 학기 초가 적당한가요?
− 학년마다 주제가 있는 교육과정, 그 주제가 매해 달라져야 좋을까요?
− 매년 어떻게 유지 보완하는 것이 좋을까요?
− 교육과정을 재구성할 때 문서로 꼭 남겨야 하나요?
− 저학년에서도 학생과 함께 만들어가는 교육과정이 가능할까요?
− 교육과정 재구성 꼭 해야 하나요?
− 교육과정 재구성의 전문성을 기르려면 어떤 방법이 있을까요?

학년 교육과정에 차시별 교과 지도 계획을 꼭 넣어야 하나요?

- 수업 중 평가하기 적절한 단계는 어디쯤일까요?
- 수업 중 평가 결과를 공개하는 것이 바람직한가요?
- 매 학기마다 과목의 모든 영역을 평가해야 하나요?
- 평가를 모둠별로 할 때 유의할 점은 무엇이 있을까요?
  성장 정도와 학업 성취도 중 어떤 부분에 중점을 두고 평가해야 할까요?
- 교육과정이나 수업 목표와는 다른 방향으로 성장과 배움이 있었다면 평가를 어떻게 해야 할까요?
- 바람직한 과정중심평가 방법으로는 어떤 것이 있을까요?
- 교육과정 상의 상위 목표와 하위 목표 중 어느 목표에 중점을 두고 평가해야 할까요?
- 수행평가지 한 장으로는 목표에 도달했는지 의문이 들어요. 매시간 평가하고 누적물 평균을 내서 퍼센트별로 하는 방법은 복잡할까요?

위의 질문을 바탕으로 동아리 선생님들과 함께 교육과정-수업-평가를 연계해서 수업을 디자인하고 성취기준을 기반으로 평가 계획을 세워보기로 했습니다. 학생의 변화와 성장에 대한 인지적, 정의적 자료를 수집하여 적절한 피드백도 제공하기로 했습니다.

수행 평가는 학생이 직접 만든 산출물과 학생의 수행과정을 평가하는 것으로, 원래 의도한 바대로 실시하면 충분히 과정중심평

모둠별 토의 후 내 생각 적어보기

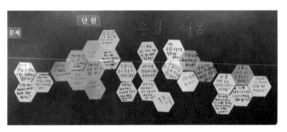

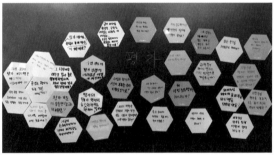

주제에 대한 생각 나누기

가의 방향성을 담을 수 있다고 생각했습니다.

수업에서 과정중심평가의 방향성을 담을 수 있는 수행평가에 대해 우리는 좀 더 깊이 있게 고민해보기로 했습니다. 교육부, 교육청에서 발간한 과정중심평가에 관한 장학자료와 『형성평가 101 가지 기법』 등 참고 문헌을 같이 읽고 토의하며 각 반 실정에 맞는 형성평가와 수행평가를 시행하고 피드백했습니다.

이렇게 수행 평가에 대한 깊이 있는 고민과 성찰을 통해 우리는 아이들이 겪을 수 있는 어려움을 이해하고 아이들에게 앎을 삶으로 실천하는 동기를 부여하는 방향으로 수업을 이끌 수 있게 되었습니다.

3장

교사의 배움이
교실에 스미다

'교사는 가르치기 이전에 배우는 존재'라고 합니다. 잘 가르치는 교사가 되기 위해 우리는 많은 배움을 함께하며 그 배움을 실천하는 도전을 게을리하지 않았습니다. 수업 친구들과의 배움을 교실 수업에서 실천한 몇 가지 사례를 소개합니다.

해마다 바뀌는 교육과정! 올해는 '온 책 읽기'다

"올해 3~4학년 군에 '온 책 읽기'라는 독서 단원이 통으로 새로 들어왔대!"
"아이쿠, 새로운 단원이면 맨 땅에 헤딩이나 마찬가지 아니야?"

'온 책 읽기' 도입이라는 말에 걱정이 앞섭니다. 구체적인 방법을 몰라 지도서를 읽어보고 여기저기 주변에 물어보아도 명확히 대답해주는 곳은 없습니다. 다행히 터닝포인트 회원들 중 '온 책 읽기'에 관심을 가진 분이 많아 '온 책 읽기'를 공동 연구 주제로 깊이 있게 배워보자고 목표를 세웠습니다. '온 책 읽기'에 관련한 도서를 구입하고 함께 연구하고 경험을 나누며 학생 지도에 큰 도움을 받았습니다.

〈온 책 읽기〉를 더 알고 싶은 우리들의 대화 (주요 부분만 발췌)

온 책 읽기란? 그 의미와 역할, 방법에 대한 이야기를 나눈 날

/ 2018. 4. 16.

이 선생님: 온 책 읽기에는 크게 세 가지 조건이 필요하다고 해요. 첫째, 교과서에 실린 지문 일부분이 아니라 작품을 처음부터 끝까지 읽어봐야 한다는 온전함! 둘째, 작품은 되도록 아이들의 삶과 맞닿아 있는 작품으로! 셋째, 아이들이 스스로 적극적으로 읽어야 합니다.

김 선생님: 온 책 읽기에는 일련의 과정이 있대요. 온전함을 위한 시도, 작품을 찾기 위한 시도를 바탕으로 읽기 전, 읽는 중, 읽은 후의 다양한 활동을 통해 온 책 읽기를 실천해야 교육적으로 효과가 있어요.

'시는 시답게, 그림책은 그림책답게' 주제로 이야기를 나눈 날

/ 2018. 5. 2.

최 선생님: 시는 시집이 집이고 시 한 편도 온 작품으로 이해해야 해요.

심 선생님: 반 학생들의 시 선집을 만들어보는 활동을 추천해요. 학생들의 이야기를 만나고 감정을 읽어줄 수 있어요.

이 선생님: 꼬마 작가들의 감성이 풍부하게 만들어줄 시 수업을 위해 학생들과 재미있게 놀 수 있는 시를 찾는 것이 무엇보다 중요할 것 같아요.

『동화 수업 레시피』를 읽고 이야기를 나눈 날

/ 2018. 6. 26.

김 선생님: 『동화 수업 레시피』에 소개된 수업 내용을 정리해 모임에서 소개하려고 했는데, 책을 읽고 나니 직접 적용하고 싶은 마음이 들었어요. 그래서 성취기준을 분석하고 관련교과를 묶어 교육과정을 재구성해봤는데 함께 봐주시고 좋은 의견 부탁드려요.

동학년 선생님들과 '온 책 읽기'에 대한 배움을 함께 나누고, '온 책 읽기 교육과정 재구성'에 도전하기로 했습니다.

때마침 학교에서 맞춤형 연수로 '온 책 읽기의 실제'를 배우게 되었습니다. 4학년에서 읽을 책으로 정했던 『기호 3번 안석뽕』(진형민 지음, 한지선 그림, 창비, 2013)을 교재로 사용하여 전교직원이 온 책 읽기를 직접 해보았습니다. 전 교직원이 책의 챕터를 나누어 읽고 적합한 활동을 포스트잇에 적어봤습니다.

각 학년 선생님들이 적어주신 자료에는 다양한 활동 내용이 적혀 있었습니다. 선생님들이 협력했을 때 어떤 역량을 가져올 수 있는지 놀라울 따름이었습니다. 4학년의 '온 책 읽기' 활동을 전 교직원이 응원해주는 것 같았습니다. 이제 동학년 교사끼리 적절히 조합하여 적용해보기만 하면 됐습니다.

맞춤형 연수를 통해 온 책 읽기의 실제를 익히고 다양한 활동 목록을 준비해 온 후 프로젝트 계획안을 구성했습니다. 과목과 성취기준을 고려하여 적합한 활동을 간추려내어 수업 계획을 세우는데, 그 어느 때보다 활기찼습니다. 활동 계획을 세우고 준비해야할 학습지나 자료를 자발적으로 준비하겠다는 모습에서 우리의 집단 지성이 발휘되고 있음을 느낄 수 있었습니다. 또한 우리가 전문적 학습공동체로서 성장함도 느낄 수 있었습니다.

▶ 감성 충만 '온 책 읽기' 활동 방향 세우기

김 선생님: 1~8차시 정도의 활동 계획을 세우자.

박 선생님: 지난 번 맞춤형 연수 때 강사님께서 '온 책 읽기'의 방법으로 소개해주신 내용과 자료를 참고하여 계획을 세우자.

▶ '온 책 읽기' 활동 계획

① 읽기 전 활동

주 선생님: 샛길 새기 주제로 반에서 대표 한 명 뽑기를 해보자. 포스트잇을 이용하여 전교 회장 선거 후보를 추천한다면 누가 가장 좋을지 이유와 함께 적어서 칠판에 붙여보자. 친구의 장점을 찾아줄 수 있고 스스로 반성하는 계기가 될 것이다.

홍 선생님: 1차시 읽기 전 활동으로 책 표지를 보며 내용 추측하기를 하자. '무조건 나올 단어', '절대 나오지 않을 단어', '가장 중요하게 쓰일 단어'를 모둠별로 정해 발표해보자.

김 선생님: 책에 나온 문장을 30개 간추려 그 문장만 보고 전체 내용을 예상하게 하자. 다른 모둠과 생각을 교류하고 전체 책 내용을 추측해보면 유의미한 활동이 될 것이다.

② 읽기 활동

김 선생님: 2~3차시에는 1장 '다짜고짜 금요일'을 함께 읽고 연구 노트를 작성하자.

주 선생님: 연구 노트에는 내용 정리, 재미있는 구절에 밑줄 긋기, 어려운 낱말 사전에서 찾기, 어려운 낱말들을 이용하여 문장 만들기, 인상적인 표현 찾기 등의 내용을 넣자.

김 선생님: 전교 학생 임원 후보가 되었다고 생각하고 나를 추천할 친구 목록을 작성해보자.

박 선생님: 4차시에는 주인공과 인터뷰 활동하기, 거봉 선생이 되어 친구들 고민 해결해주기, 안석뽕과 그의 친구들 입장 들어보기 활동도 좋을 것 같다.

김 선생님: 5~6차시에는 몰입독서 후 전통시장 전단지를 만들자. 국어 9단원 '자랑스러운 한글'과 연계하여 아름다운 한글을 이용한 전통시장 홍보 전단지를 만들자.

③ 읽은 후 활동

주 선생님: 7~8차시 활동으로 온 책 읽기를 모두 마친 후에 인상적인 장면을 함께 나누며 국어 10단원 '인물의 마음을 알아봐요'와 연계하여 재미있었던 장면을 만화로 표현해보고 인물의 성격과 상황을 살려 실감나게 읽어보자.

이렇게 함께하는 과정의 결과로 '온 책 읽기 프로젝트'를 다음과 같이 세울 수 있었습니다.

차시	쪽수	주제	학습 내용	준비물
		샛길 새기	반 대표 뽑기	포스트잇
1차시 (읽기전)	책 표지	책표지 보며 내용 추측 하기	○ 표지 그림 살펴보기 – 무조건 나올 단어, 절대 나오지 않을 단어, 가장 　중요하게 쓰일 단어 모둠별로 정해 발표하기 ○ 모둠별로 문장 보며 내용 예상하기 – 다른 모둠과 교류하고 추측 내용 발표하기	중요문장 30개
2~3 차시	7쪽 ~ 21쪽	교사가 읽어주고 내용 파악하기	○ 1장 '다짜고짜 금요일' 읽어주기 　(또는 같이 읽기) – 내용 정리 – 재미있는 구절에 밑줄 긋기 – 어려운 낱말 사전에서 찾아보기 – 학습지 내용 발표하기(모둠 번호순) ○ 자신을 추천해줄 수 있는 친구 목록 작성하기	사전 독후 활동지 추천서
4차시	22쪽 ~ 86쪽	몰입 독서	○ 2~4장 읽고 질문지 및 고민 적기 　주인공과 인터뷰 활동하기 – 거봉 선생이 되어 친구들 고민 해결해주기 – 안석뽕과 그의 친구들 입장 들어보기	학습지 마이크
5~6 차시	87쪽 ~ 146쪽	몰입 독서 후 전단지 만들기	○ 5~7장 읽기 ○ 전통시장 전단지 만들기 – 아름다운 한글을 이용하여 전통시장을 홍보하는 　전단지 만들기	미술도구
7~8 차시 (독서후)		인상적인 장면 표현하기	○ 인상적인 장면 나누기 (국어 P301~302) – 재미있었던 장면 만화로 표현하기 – 인물의 성격과 상황을 살려 실감나게 읽어보기	

「기호 3번 안석뽕」 활동 계획

학생들은 새로운 형태의 수업에 몹시 즐겁게 참여했습니다. 책을 읽다 피식거리는 친구, 재미있어서 세 번이나 읽었다는 친구를 보며 흐뭇함과 책임감을 느끼기도 했습니다.

'책 표지 보며 내용 추측하기'를 하면서 학생들은 책 읽기의 시작을 어떻게 해야 하는지 깨닫고 표지 그림, 차례의 중요성을 알게 되었다고 했습니다.

모둠별로 문장을 보며 내용 예상 활동을 하고 다른 모둠과 교류하며 책 내용을 예측하는 과정에서는 한층 책을 읽고 싶다는 욕구가 강해짐을 분명하게 느꼈습니다.

'거봉 선생이 되어 고민 나누기'는 학생들이 서로의 고민을 적어 거봉 선생에게 고민을 상담하는 활동이었습니다. 큰 의미를 둔 활동은 아니었는데 학생들의 고민과 이를 해결해주는 학생들의 진지한 태도가 인상적인 활동이었습니다.

Q1: 저는 항상 악몽을 꾸는데 어떻게 하면 꾸지 않을까요?

A1: 자기 전에 긍정적인 생각을 해요.

A2: 엄마에게 자기 전에 노래를 불러달라고 해요.

A3: 재미있는 책을 읽고 자요.

Q1: 내년에 엄마가 1년 동안 미국에 함께 간다고 하는데 가기 싫어요. 어떻게 해야 엄마 마음을 돌릴 수 있을까요?

A1: 엄마에 가기 싫다고 마음을 담아 편지를 써봐요.

A2: 저도 미국에 한번 가봤는데 같이 가보는 것도 좋을 것 같아요.

A3: 가족회의를 해서 의견을 나눠보는 것은 어떨까요?

다양한 고민을 친구들과 나누며 학급 공동체 의식을 다지는 즐

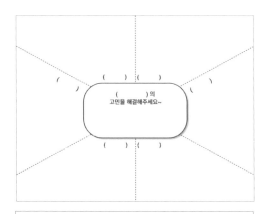

( ) ( )

(   )의
고민을 해결해주세요~

( ) ( )

<온작품읽기 학습지>

임원 후보자 신청서

1. 인적사항

학년 반	학년 반	이름	

2. 공약

공 약 내 용

3. 본인은 공정하게 선거 규칙을 준수하고, 불법 선거 운동을 하지 않겠습니다.
아래의 추천인 (   )명의 추천을 받아 임원에 입후보 하고자 합니다.

신청인 :   인

4. 추천인 명단

순번	추천인	추천하는 이유
1		
2		
3		
4		
5		
6		
7		
8		
9		
10		
11		
12		
13		
14		
15		

온 책 읽기 수업에 활용한 활동지

거운 시간이었습니다.

독서는 주로 교과 연계 활동으로 했습니다.

아름다운 한글을 배우는 국어 시간과 연계하여 미술 시간에 한글 간판을 이용한 전통 시장 홍보 전단지 만들기 활동을 했습니다. 국어 시간에 한글의 아름다움과 우수성을 충분히 인지하고 독서 활동으로 전통시장의 어려움을 절실히 알았기에 아이들은 이 활동에 쉽게 몰두했습니다. 흔히 볼 수 있는 획일화된 전단지보다 확연히 멋진 작품들이 만들어졌습니다. 독후 감상 활동으로 인상적이고 재미있었던 장면을 만화로 표현하기 활동으로 온 책 읽기 활동을 마무리했습니다. 처음 해보는 온 책 읽기라 다소 낯설었지만 활기찬 학생들의 활동을 보며 보람을 느꼈습니다.

우리 학년의 '온 책 읽기'가 내용면에서 완벽히 잘 계획된 활동이라 말할 수는 없습니다. 그러나 이 활동이 동료들과의 공동 사고를 통해 공동 성장을 이루었다는 것이 매우 중요하게 다가옵니다. 교사들이 함께하면 얼마나 큰 역량을 발휘할 수 있는지를 경험했습니다.

◎ 인터뷰를 해서 재미있었다. 역시 책 읽는 건 싫어도 활동은 재미있다. 그래서 다른 책을 읽고 또 인터뷰를 하고 싶다.

◎ 거봉 선생이 되어 친구들 고민 해결해주기가 가장 재미있었고 전단지를 만드는 활동이 즐거웠다. 주인공과 인터뷰하기를 또 하고 싶다.

◎ 인터뷰 활동이 재미있었다. 직접 역할을 해준 친구들에게 궁금하던 것을 물어보면 그 캐릭터에 맞게 대답해준 것이 실감났다. 다음에는 다른 책을 읽고 그 내용에 대한 역할극을 하고 싶다.

◎ 자신이 회장 선거에 나간다고 생각하고 추천서를 받는 것이 재미있었다. 자신이 얼마나 사랑받고 있는지 알 수 있었기 때문이다.

◎ 아름다운 한글을 이용하여 전통시장을 홍보하는 전단지 만들기가 가장 재미있었고, 학습지 내용 발표하기가 기억에 남았다. 주인공과 인터뷰하기는 꼭 다시 하고 싶다.

◎ 한글을 이용하여 전단지를 만든 것이 재미있었다. 한글의 중요성을 더욱 느낄 수 있었고 다음에도 이 활동을 또 하고 싶다.

◎ 거봉 선생이 되어 친구들의 고민을 들어주는 것이 재미있었다. 왜냐하면 친구들의 고민이 내가 겪었던 것과 좀 비슷하기 때문이다.

◎ 고민 해결하기 활동은 혼자서는 해결하지 못하는 친구들의 고민을 같이 해결할 수 있어 기억에 남는다. 문장으로 내용 추측하기 활동에서는 얼른 읽어보고 싶다는 생각이 들었다.

◎ 주인공과 인터뷰하기 활동에서 내가 주인공이 되어 대답을 해서 기억에 남았다. 국어 시간에 배운 어려운 낱말 사전 찾기를 하며 책을 읽으니 책이 좀 더 잘 이해되는 것 같았다.

'비주얼 씽킹'으로 생각을 표현하는 아이들

비주얼 씽킹(Visual Thinking)은 다음 페이지의 그림처럼 글과 그림을 함께 이용해서 생각을 표현하고 정리하는 방법입니다.

비주얼 씽킹을 통해 시각화한 자료는 학습한 내용을 체계화하고 기억력과 이해력을 키우는 데 도움을 줍니다. 또한, 학습에 보다 자신감을 가지고 효과적으로 공부할 수 있게 해줍니다.

비주얼 씽킹은 이미 보편화된 학습 방법이라 활용 방법이 많이 나와 있습니다. 여기서는 다른 과목과 통합하여 활용했던 사례를 소개하고자 합니다.

우선, 비주얼 씽킹과 내 감정 알아차리기 활동을 결합하여 자신의 감정을 올바르게 인지하고 표출하는 방법을 알 수 있도록 했습니다. 아이들의 아침 컨디션에 따라서 수업 진행이나 생활 지도의 방식에 차이를 두어야겠다는 생각이 들었습니다. 학생 감정을 이해하면 똑같은 문제 상황에서도 융통성을 발휘하여 해결할 수 있게 됩니다. 학생들의 돌발 행동은 생활 전반에서 기인하는 경우가 많기 때문입니다. 그래서 등교 직후 자신의 감정을 비주얼 씽킹으로 표현하게 하여 교사가 학생을 더 잘 이해하고 공감하며 하루를 시작한다면 수업 집중도를 높일 수 있습니다.

그림 실력에 지레 겁먹기도 하는데 비주얼 씽킹 워크북을 활용하여 생활 속 감정을 매일 한 가지씩 그려보는 활동을 하다 보니

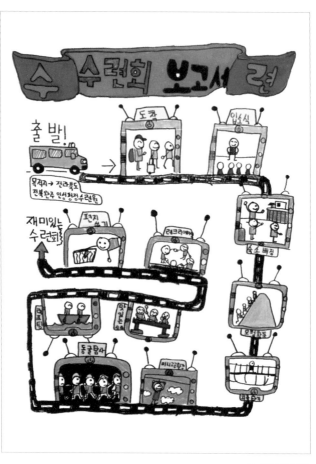

「수련회를 다녀와서」
비주얼 씽킹으로 표현한
학생 작품

그림을 못 그리는 친구들도 자신감을 가질 수 있었습니다.

제자리에 앉아서 수업하기가 어려울 정도로 집중하지 못하는 학생이 있었습니다. 하지만 그 친구도 미술 시간에는 열심히 참여했습니다. 그 친구에게는 비주얼 씽킹으로 하는 표현 활동이 크게 도움되었습니다. 자신의 감정을 표현하기 어려워했는데 비주얼 씽킹을 활용하여 자기 감정을 표현할 수 있게 된 후로 아이들과 더 큰 친밀감을 가지게 되었고 저도 교사로서 생활 지도에 많은 도움이 되었습니다.

학생들이 어렵게 느낄 수 있는 진로 교육에 비주얼 씽킹 활동을 통합하여 구성해봤습니다. 비주얼 씽킹을 통해 인생 로드맵, 희망 직업 찾기, 우리 가족 직업 가계도 조사, 명함 만들기 등의 활동을 하며 막연하게 느껴지는 진로 인식 활동을 놀이로 받아들이고 즐길 수 있도록 했습니다. 그림으로 표현하는 활동은 글로 표현하는 활동보다 학생들의 흥미도가 높아 모두가 적극적으로 자신의 진로에 대해서 생각해볼 수 있었습니다.

미술 시간에는 '나만의 비주얼 씽킹 카드'를 만들어보았습니다. 감정 표현 활동으로 서로의 마음을 공감할 수 있을 것으로 생각했습니다. 특히 저학년에서는 자신의 감정과 상대방의 감정을 아는 것이 갈등 상황 발생시 서로 이해하고 공감하기가 훨씬 쉽습니다. 감정 표현 방법을 알고 표현하는 기회를 만들어주기 위해서는 개인별 감정카드가 필요했습니다. 감정카드를 놀이 활동으로 자주 쓰면 감정 표현에 익숙해질 수 있습니다.

시중에 나와 있는 비주얼 씽킹 카드를 학생들끼리 돌려보면서 각자 명함 카드에 그려보았습니다. 명함과 같은 크기와 재질의 종이에 그리게 하고 명함 케이스에 넣어주었더니 자신만의 비주얼 씽킹 카드가 생긴 것에 애착을 갖고 소중히 여겼습니다.

◎ 아침에 와서 그리는 게 재미있어요. 그리고 기분이 안 좋았는데 그리다 보면 기분이 좋아져요.

◎ 어떤 기분인지 몰랐는데 카드를 보면 찾을 수 있어요.

◎ 미래의 내 모습을 그림으로 표현하니까 훨씬 쉽게 했어요.

◎ 감정카드를 만들다보면 시간가는 줄 몰라요. 처음에는 어려웠는데 선생님께서 알려주신 방법으로 그리면 쉽게 그릴 수 있어요. 명함 카드에 그리니까 진짜 카드 같았어요.

◎ 내 감정카드를 가질 수 있어서 좋았어요. 내가 만든 카드라 더욱 좋았고요. 감정카드로 카드 게임을 해도 재미있어요. 감정이 이렇게 많다는 걸 알게 되었어요.

학생에게 가해자가 된 선생님, '사회적 기술'을 공부하다

선생님들은 교직생활에서 위기를 맞은 적이 있으신가요?

몇 년 전 학교를 막 옮겼을 때의 일입니다. 새 학교로 옮길 때, 기존 선생님이 한 명도 지원을 하지 않은 학년이 있다면 그 학년은 정말 힘든 학년이라는 것을 짐작할 수 있습니다. 그럴 때 그 학년을 맡게 되면 참 힘들죠. 학기 초에는 항상 교사를 힘들게 하는 학생들이 2~3명 정도 있습니다. 그러다가 시간이 지나면 서로 적응해서 편해질 수도 있지만 더 힘들어지는 경우도 있습니다.

제 경우에는 후자였습니다. 갈수록 저를 힘들게 하는 학생이 늘어났습니다. 하루하루 아침에 출근하는 발걸음이 무겁고 지치더군요. 고민하던 끝에 학급 경영, 생활 지도에 관한 책들을 구입해서 읽고 적용하려고 노력했습니다. 점심 시간에는 아이들과 함께 축구와 농구를 하면서 친해지려고 했습니다. 그러면서 차츰 아이들과 가까워지고 좋아지는 것 같아 안심되었습니다.

그러던 중에 사건이 발생했습니다. 저를 가장 힘들게 하던 학생이 있었습니다. 경제적으로 힘든 가정은 아니었지만, 부모님 사이가 멀어지면서 좋지 않은 집안 분위기가 이제 막 사춘기를 맞이해 예민한 남학생에게 영향을 미쳤던 것입니다. 그 친구랑 친해지기 위한 타이밍을 노렸습니다. 이제 막 우리 사이가 좋아지려던 시기이기도 했습니다.

그러던 어느 날, 점심시간에 농구경기를 하게 되었습니다. 그 학생과 저는 한 팀이 되었고 경기를 하는 중에 그 아이가 저에게 농구공을 패스해달라고 했습니다. 그래서 패스를 했는데 하필이면 그 공이 아이가 쓰고 있던 안경에 맞고 말았습니다. 안경이 바닥에 떨어지면서 코에는 상처가 나고 쌍코피가 터졌습니다. 그때의 놀람은 말로는 표현할 수가 없습니다. 아이를 보건실에 데려다

놓고 곧바로 교감실로 달려갔습니다.

"교감 선생님, 큰일 났어요. 반 아이가 공에 맞아 다쳤어요."

"어디를 다쳤나요?"

"안경이 깨지고, 코피가 났어요."

"선생님은 얼른 가해자 부모님께 전화 드리고, 아이의 상태를 살피세요."

"그게… 사실은 제가 가해자입니다. 공을 제가 던졌거든요."

"뭐~라고요!"

교감 선생님께 우리 반 아이가 다쳤다고 말씀드리자, 교감 선생님께서는 저는 수업을 해야 하니 가해자 부모님께 연락드려서 아이를 병원에 데려가도록 하라고 하셨습니다. 가해자는 저였는데 말이죠. 다행히 보건실에서 지혈이 된 학생은 부모님이 오셔서 병원에 데려가셨습니다. 그리고 부모님께 뼈에는 이상이 없다는 전화를 받았습니다. 참 다행이었죠. 상처 부위가 커서 정말 많이 걱정했습니다. 그 해에는 참 열심히 노력을 했는데도 자꾸 일이 꼬여 힘들었습니다.

하지만 모든 일에는 양면성이 있습니다. 그 해를 겪으면서 저는 학급 경영에 더욱 관심을 갖게 되었고 사회적 기술도 공부하게 되었습니다.

성장은 결과가 아닌 과정에서 일어난다

학기 초에는 학생들과 함께 우리 반 규칙 세우기를 확실히 하고 학생들과의 관계 형성을 위해 노력했습니다. 처음에는 다양한 활동을 했는데, 시간이 지나면서 활동은 일회성으로 그치는 경우가 많은 것 같아 수업 중에 아이들에게 지속적으로 긍정적인 영향을 줄 수 있는 방법을 생각하게 되었습니다.

평상시 수업에서 아이들에게 항상 결과보다는 과정을 중요시한다고 강조합니다. 수행평가도 결과보다는 과정을 보겠다고 이야기합니다. 예를 들어 체육 시간에 피구를 잘하는 학생보다 잘하지 못하는 친구를 배려하는 학생이 누구인지 보고 칭찬합니다. 그러면 공을 독점하려고 하지 않고 잘 못하는 친구에게 공을 주며 던져보라고 하고 잘 못하는 친구에게 "괜찮아, 그 정도면 잘한 거야"라고 표현하는 친구들이 생깁니다. 모둠 활동을 할 때도 아무것도 하지 않고 놀고 있는 친구들은 하기 싫어서가 아니라, 어려워서 이해하지 못하거나 자신감이 부족해서 그런 것이므로 다시 설명해주고 잘할 수 있도록 격려하자고 합니다. 그러면 잘하는 학생이 잘 못하는 학생에게 친절하게 설명해주고 "잘했네, 이것만 고치면 더 멋질 것 같아"라고 북돋아주는 모습을 볼 수 있습니다.

우리 반은 아침 시간에 칭찬, 감사, 용서하는 글을 씁니다. 1, 2학년은 아침 모임 활동을 통하여 말로 표현하기도 하고 3~6학년은 한 줄 쓰기나 두 줄 쓰기 활동으로 합니다. 그러면 아이들 사이

( )! 너는 최고야!

"친구를 생각하면 떠오르는 멋진 모습 세 가지 적어주세요."

친구의 멋진 모습	수업 태도가 좋다/친구를 잘 도와준다/친절하다/발표를 잘한다/적극적이다 학교에 일찍 온다/생각이 기발하다/수업시간에 질문을 잘한다/호기심이 풍부하다 운동을 잘한다/유머감각이 풍부하다/다른 사람의 이야기를 잘 들어준다/깔끔하다 활발하다/먼저 말을 걸어준다/이해를 잘한다/밝다/잘 웃는다/정이 많다/솔직하다/약속을 잘 지킨다/꼼꼼하다/목소리가 좋다/청소를 잘한다/기억력이 좋다 숙구를 잘한다/그림을 잘 그린다/책을 많이 읽는다/상상력이 풍부하다 예의 바르다/긍정적이다/책임감이 강하다/부지런하다/남을 잘 배려한다 규칙을 잘 지킨다/친구랑 잘 놀아준다/글씨를 잘 쓴다/리코더를 잘 분다 노래를 잘 부른다/춤을 잘 춘다/줄넘기를 잘한다/정리양보를 잘한다

1. 2. 3. from. ( )	1. 2. 3. from. ( )	1. 2. 3. from. ( )
1. 2. 3. from. ( )	1. 2. 3. from. ( )	1. 2. 3. from. ( )
1. 2. 3. from. ( )	1. 2. 3. from. ( )	1. 2. 3. from. ( )
1. 2. 3. from. ( )	1. 2. 3. from. ( )	1. 2. 3. from. ( )

에서 일어나는 일을 자세히 알 수 있습니다. 학급 경영에 많은 도움이 되죠. 그리고 아이들은 선생님이 자신들의 선행을 알고 있기 때문에 더 열심히 하려는 모습을 보입니다.

제가 각별히 소개하고 싶은 활동은 강점 찾기입니다. 한 학기를 보내고 나면 학생들에게도 보상이 필요합니다. 강점 찾기는 초임 때부터 해온 활동인데 처음에는 롤링 페이퍼라고 해서 종이 한 장에 이름을 쓰고 쭉 돌리면서 칭찬하는 표현들을 썼습니다.

지금은 아이들이 참고해서 쓸 수 있도록 친구의 멋진 모습을 예를 들어 써놓고 아이들이 각자 글을 쓸 수 있는 칸을 만들어서 사용합니다. 이 활동을 하면 화장실을 가고 싶어도 꾹 참는 학생이 있을 만큼 호응이 있었고 결과를 보며 모든 학생이 만족스러워했습니다.

○ 제가 친구의 강점을 적고 있는 도중에 수업이 끝나는 종이 울렸어요. 그래서 끝까지 적을 수 있게 해달라고 선생님께 졸랐어요. 다행히 선생님이 끝까지 적을 수 있도록 해주셔서 감사합니다. 저는 친구들이 뭘 적어줄지 정말 기대되었거든요.

○ 선생님! 저는 정말 화장실이 급했는데, 화장실을 안 가고 이걸 적었어요. 친구들이 나에 대해 뭘 적어줄지 기대되어서 나도 열심히 친구의 강점을 찾아주었어요.

○ 정말 재미있었어요. 적는 동안은 팔도 아프고 어깨도 아팠지만… 친구들이 적어준 내용들이 너무 마음에 들어요. 이 수업을 해주신 선생님께 감사드려요.

— 우리 반 아이들의 이야기

선생님! 저희 아이 가방에서 우연히 학습지를 발견했어요. 친구들이 우리 아이의 좋은 점을 적어놓은 종이인데, 정말 기분 좋았어요. 제가 생각하는 저희 아이 장점이랑 정말 일치했거든요.

우리 아이가 집에 와서 자랑했습니다. 우리 아이의 좋은 점을 우리 가족 모두가 알게 되었고요. 이런 활동의 수업을 통해 아이의 학교생활에 대해 알게 되었습니다. 선생님! 정말 감사드립니다.

- 우리 반 학부모들의 이야기

'과정중심평가', 성적이 아닌 성장을 생각하다

'평가! 평가가 대체 얼마나 중요하다고 요즘 여기 가도 평가, 저기 가도 평가 소릴 하는 걸까? 평가는 단원이 끝나고 보는 단원 평가, 한 학기 동안 잘 공부했는지 알아볼 수 있는 학기말 평가 정도면 끝 아닌가?'

교사로 10여 년을 보내왔지만, 평가에 관해 이렇게 무지했습니다. 수업에서 무엇을, 어떻게 알려줄까에 관한 고민은 했지만, 그것을 평가와 관련지어 생각해보지는 못했습니다. 공개수업 지도안을 짤 때, 평가 계획을 넣어야 하니 그저 대충 평가 관점과 시기 등을 대학교 시절 배운 요소가 들어가게 작문하여 쓴 것이 고민의 전부였습니다.

지금은 수업을 디자인하며 동료 선생님과 이렇게 이야기를 나눕니다.

"선생님, 우리 성취기준부터 찾아봐요. 학생들의 성장을 도울 수 있는 평가를 고민해봐요. 학생들이 평가에 대한 부담감을 떨치고 성취감을 가질 수 있도록 교육과정-수업-평가가 연계된 수업을 디자인해요."

평가에 대한 관심이 높아지고 있는 요즈음, 학교마다 과정중심평가를 제대로 공부하고 적용하자는 분위기가 강합니다. 우리 학교도 학교 교직원들에게 과정중심평가 관련 도서를 구입해 나누어 주었고, 평가를 어떻게 할 것인지 여러 차례에 거친 협의회를 진행했습니다. 터닝포인트 회원들도 평가에 관심을 가진 선생님들이 많아서, 올해의 목표 주제로 정해 평가에 대한 집중 연구를 시작했습니다. 이런 여러 가지 요인이 평가에 대해 더 이상 무지한 상태로 있으면 안 되겠다는 조바심을 갖게 했습니다.

아는 만큼 보인다고 했던가요? 내·외부적 압력에 의해 관심을 갖고 평가를 들여다보니, 평가는 수업 그 자체였다는 것을 뒤늦게 깨닫게 되었습니다. 수업 후 부랴부랴 학생들의 배움 정도를 체크하는 것이 평가의 전부가 아님을 알게 된 것입니다.

동학년 선생님들과 협력하여 각 교과와 주제에 어울리는 다양한 평가 방법을 적용한 평가지를 만들고, 수업을 설계할 때 평가의 시기를 고려하여 투입했습니다. 배움 결과를 수치화하고 끝내는 평가가 아니라, 계속된 피드백을 통해 학생들이 하나씩 알아가고 발전하는 기쁨을 느낄 수 있도록 과정에 초점을 두었습니다.

피드백으로 학생의 배움 성장을 돕는 수행평가지 사례를 간단히 소개합니다.

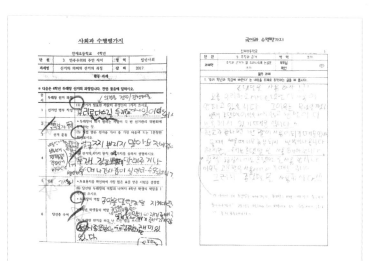

교사의 피드백이 드러나는 평가지

☆ 모양으로 평가가 마무리 된 문항은 여러 차례의 피드백으로 학생이 제대로 이해했다는 표시입니다.

- 자기 평가, 동료 평가, 그리고 다양한 형성평가 기법을 적용하여 평가 방법을 다양하게 적용했습니다.

- 교과 내용을 학생들 삶과 연계하여 재구성했고, 평가도 재구성한 흐름에 맞게 문항을 새롭게 개발했습니다.

  (예) 국어(말의 힘)+도덕 '행복한 5학년' 프로젝트로 국어과와 도덕과의 성취기준을 둘 다 적용한 문항 개발

- 채점하고 끝이 아니라 학생이 어려워하고 막힌 부분을 스스로 깨달을 수 있을 때까지 교사가 끊임없이 피드백을 했습니다.

- 성취기준에 도달하면 '배움 이룸'이라는 학교 특색이 담긴 도장을 통해 성취감을 갖게 했습니다.

이와 같이 학생의 배움과 성장을 돕는 선생님의 피드백이 가득한 평가지를 포트폴리오로 만들어 한 학기에 두 번(학기 중, 학기 말) 가정으로 보내 학부모와 소통했습니다. 학교에서 평가가 없어졌다는 소식에 불안해하시는 학부모들을 위해 과정중심평가를 알려주는 학부모 교육도 했습니다. 이를 통해 평가지의 결과가 중요한 것이 아니라 성장 과정에 초점을 두어야 함을 알려드리고, 가정에서도 꾸준히 학생의 성장을 도와줄 것을 부탁드렸습니다.

그 결과 일제평가 폐지, 과정중심평가 등의 뉴스를 접하고 불안해하시던 학부모님들도 학교의 평가를 신뢰하게 되었습니다. 우리 아이의 최종 점수보다 성장한 부분에 관심을 갖게 되었고, 무엇보다 도움이 필요한 부분이 무엇인지 잘 알 수 있게 되었다고 말씀해 주셨습니다.

이는 줄 세우기 목적의 평가가 아닌, 학생의 성장을 돕는 평가로 거듭나기 위해 학교 안의 선생님, 학교 밖 터닝포인트 동료들과 함께 연구하고 도전했던 결과입니다. 학생들의 성장을 돕는 교육을 연구하고 새로운 교육의 패러다임을 두려워하지 않고 도전하는 과정에서 학생의 성장만이 아니라 교사의 성장을 가슴 속에서 느낄 수 있었습니다.

4장

수업나눔, 어떻게 하는 거예요?
수업나눔에도 카드가 필요해

수업나눔을 부탁해

"수업나눔, 어떻게 하는 거예요?"

수업나눔 카드 만들기는 이 한마디로 시작되었습니다.

요즘은 학교마다 수업나눔 주간을 운영합니다. 동학년끼리 공동수업안을 작성하면서 수업에 대해 의논하는 주간입니다. 그러나 대부분의 선생님들이 수업나눔에 대한 고민에 빠집니다.

"다음 주가 학년 수업나눔 기간이에요. 어떻게 할지…."
"우리 학년은 수업나눔을 이끌 사람이 없어요."

"자료만 던져주지 말고 어떻게 하는지 단계적으로 알려주세요. 우리는 수업나눔 경험이 없어서 잘 모르겠어요."

교육 현장의 소리입니다. 수업나눔에 참여하고 싶은 마음은 있으나 어떻게 해야 할지 모르는 선생님, 수업나눔이 궁금한 선생님, 수업나눔을 통해 성장하고 싶은 선생님 등을 위해 어떻게 도움 줄 수 있을까 생각해보았습니다.

"수업나눔은 먼저 마음을 열어야 해요. 우리가 처음 만났을 때 사용한 포스트잇처럼 마음을 여는 도구가 있으면 어떨까요?"

"포스트잇처럼 휴대하기 쉽고 손쉽게 사용할 수 있는 간편한 도구가 좋은 것 같아요."

"요즘에는 『감격해 카드』(김성환 지음, 에듀니티, 2016)를 많이 사용하더라고요."

"『마음(가치) 카드』, 『비주얼 씽킹 카드』도 많이 사용해요."

"수업나눔 카드를 만들어 보면 어떨까요? 『감격해 카드』로 마음을 열듯 수업나눔 카드로 수업나눔을 열어보면 좋겠어요."

대부분의 교사가 '수업나눔'이라는 단어는 알고 있지만 수업나눔을 어떻게 운영해야 할지 막막할 때가 있습니다. "수업나눔, 어떻게 하는 거예요?"에 대한 답을 "알아서 해보세요"가 아닌 "이렇게 해보세요"라는 마음으로 수업나눔 카드를 기획했습니다.

수업나눔, 이렇게 해보세요

대개 학교에서는 동학년 위주로 수업나눔이 이루어집니다. 우리 반 이야기, 나의 고민거리, 수업 고민 등을 함께 나누다보면 어느새 해결되어 있으니까요. 수업나눔은 거창하거나 어려운 것이 아닙니다. 이렇게 수업 고민을 함께 나누고 더 좋은 수업을 위해 나아가는 것이 수업나눔입니다. 좋은 수업이란 조화로운 수업입니다. 수업 목적, 수업 내용 그리고 수업 방법의 조화로운 일치가 이루어진다면 좋은 수업입니다.

그런데 수업나눔의 첫 시작을 유독 어려워하고 걱정하시는 분이 많아 이를 도울 수 있는 방법이 없을까 고민했습니다. 마음과 수업을 함께 여는 도구를 만들어보자는 의견이 나왔습니다. 그 결과로 수업나눔 카드를 만들게 되었습니다.

이렇게 수업나눔 카드를 만들었어요

수업나눔 카드를 만들기 위한 첫 번째 활동은 수업나눔에 대한 '선생님들의 생각 알아보기'였습니다.

선생님이 생각하는 '수업나눔'은 무엇인가요?
"수업나눔이란 소통이 아닐까요?"

"저는 발전이라고 생각합니다. 수업나눔을 통해 다른 선생님들의 교수법을 참고하여 저의 교수법을 한 단계 발전시키는 기회를 가질 수 있기 때문입니다."

"수업나눔은 고민입니다. '수업을 어떻게 잘할 수 있을까?'에 대한 고민을 하게 만드는 시간들이 모여 수업나눔이 이루어진다고 생각합니다."

"저는 커피가 생각나네요. 수업나눔을 하려면 관계 형성이 먼저 이루어져야 할 거 같아요. 편한 분위기라야 다양한 이야기가 가능하니까요."

다양한 의견이 나왔는데, 이 의견들에는 공통점이 있었습니다. 그 공통점이란 '소통, 협력, 공동체' 그리고 '배움'이었습니다. 많은 선생님이 수업나눔을 잘하기 위해서 소통이 있는 협력적인 공동체와 함께 배우는 시간이 필요하다고 했습니다.

수업나눔 카드를 만들기 위한 두 번째 활동은 '책 속의 생각 알아보기'였습니다. 다양한 교육전문가의 생각을 알아보기 위해 수업나눔과 관련된 책 58권을 꼽고 나눠서 읽어봤습니다. 2~3명의 소그룹을 형성하여 자기가 읽은 책을 소개하고 생각을 나누는 독서 토론을 하고, 수업나눔에 관련된 핵심 단어나 문장을 목록으로 작성했습니다. 라벨지에 핵심 단어와 낱말, 문장을 쓴 후 주제별로 분류하여 수업나눔에 대한 생각을 정리했습니다.

수업나눔 활동을 할 때 가장 중요한 점은 무엇일까요?

"교사의 마음을 함께 들여다봐야지요. 교사의 고민으로부터 수업나눔이 시작되니까요."

"교사의 철학도 살펴봐야 해요. 어떤 교사가 되고 싶은가에 대해 생각해 볼 기회를 주는 것도 중요해요."

수업나눔을 할 때 선생님들이 어려워하는 점은 무엇일까요?

"성취기준, 학생들의 요구, 평가 및 피드백 등 수업 디자인을 한 번에 생각하기 어려워요."

"수업 대화를 나누는 수업 협의회를 어떻게 진행해야 할지 어려워하더라고요."

"수업은 크게 수업 전, 수업 중, 수업 후로 나누어볼 수 있잖아요. 각 단계에 맞는 카드가 필요해요."

"수업 전 카드는 교사 마음 카드, 수업 디자인 카드로 구분하면 좋겠어요."

"수업 중 카드로는 수업 관찰 카드가 필요해요. 수업을 참관하면서 무엇을 관찰해야 할지 생각해보는 것도 중요하거든요."

"수업 협의회는 수업 전 협의회, 수업 후 협의회로 나눌 수 있을 거 같아요."

"수업 전 협의회는 수업 디자인을 위한 활동이고 수업 후 협의회는 수업자와 공감할 수 있는 분위기 조성이 필요해요."

"협의회 때 지켜야 할 예의를 생각해볼 필요가 있어요."

"수업 대화를 위한 카드가 필요하지요. 수업에서 함께 해결해야
할 점도 생각해보면 좋겠어요."

"수업나눔을 통한 긍정적인 변화도 알아보면 좋겠어요."

이런 과정을 거쳐 수업나눔 관련 낱말 카드를 분류해보았습니
다. 이 작업은 1~12차에 걸쳐 진행되었습니다.

수업나눔에 관련된 핵심 낱말 및 문장을 분류 기준에 따라 정리
하여 질문을 꼽아봤습니다. 결국 수업나눔 카드는 교사들의 질문
을 모은 것입니다.

많은 선생님이 우리가 만든 수업나눔 카드에 흥미를 보이셨습
니다. 수업나눔 카드를 수업나눔에 활용해보고 개선책도 주셨습
니다. 선생님들의 수업나눔 카드 사용 후기와 피드백해주신 내용
이 바탕이 되어 수업나눔 카드도 계속 업그레이드 되었습니다.

수업나눔 활동 방법에 정답은 없습니다. 그렇지만 먼저 활동하
고 다양한 시행착오를 겪으며 4년간의 모임을 지속해온 입장에서
수업나눔에 도움이 될 노하우와 도구를 제공할 수는 있게 되었습
니다.

학교, 학생, 동료교사 등 모든 선생님의 상황이 다 다를 것입니
다. 물론 그 상황에 맞게 다양한 수업나눔 방법이 생겨나겠지요.
수업나눔 카드는 다양한 상황에 맞게 전체적으로 또는 부분적으로
사용할 수 있게 만들었습니다. 수업나눔 카드를 만들며 그간의 활

동을 되돌아보고 갈무리하는 시간을 가질 수 있어 흐뭇했고, 이제 그 성과물이 이제 막 수업나눔을 꿈꾸기 시작한 선생님들께 도움이 되었으면 합니다.

3부

수업을 열다, 수업을 나누다

교사들의 작은 성장 이야기

"공개수업에 대한 기억이요?

교장 선생님께서는 지적 사항을 빨간 볼펜으로

한가득 쓰셔서는 협의회 시간에 말씀해주셨어요.

말씀을 듣는 동안 정말 쥐구멍에라도 숨고 싶은 심정이었죠.

저에게 수업 공개란 부끄럽고 창피한 기억으로 남아요.

그 뒤론 수업을 공개하는 것이 점점 두려워졌어요."

"하지만… 함께하니 정말 좋더라고요!

수업으로 성장하는 느낌!

함께하니 수업 공개가 두렵지 않아요!"

1장

수업 친구와 수업 재미에
퐁당 빠진 선생님들

다양한 수업 친구와 즐거운 역사수업을 만들어가다

수업 친구들을 생각하니 "신에게는 아직 12척의 배가 있습니다!"라고 했던 이순신 장군의 일화가 떠오릅니다.

수업을 끝내고 마치 법정에 선 피의자 마냥 수업에 대한 지적을 받았던 그때! 마치 화장하지 않은 민낯으로 좋아하는 사람 앞에 선 것처럼 부끄러움과 수치심을 느꼈던 그때! 수업 친구들이 있었다면 어땠을까요? 동료 교사들이 얼마든지 나의 수업 친구가 될 수 있다는 걸 알았다면 어땠을까요?

풍전등화 같은 전쟁의 상황에서도 소신과 원칙을 지키며 리더십을 발휘한 이순신 장군! 하지만 그가 전쟁에서 백전백승할 수 있었던 이유는 그를 믿고 물심양면으로 도와준 류성룡, 목숨을 걸고 싸운 수군과 의병들, 다양한 무기를 만들었던 기술자들! 이와 같은 수많은 사람들의 도움이 있었기 때문 아닐까요? 이들이 있었기에 그 어려운 상황에서도 용기와 희망을 잃지 않고 능력을 발휘할 수 있었던 것은 아닐까요?

역사 교육에 관심이 많은 저는 역사 수업을 어려워하고 지루함을 느끼는 학생들에게 신나는 역사 수업의 즐거움을 알려주고 싶었습니다. 그런데 자료를 찾다보니 아이러니하게도 좋은 자료가 너무 많아 오히려 수업 준비가 힘들었습니다. 이 자료도, 저 자료도 모두 해보고 싶었으니까요. 아마 역사 수업을 해보신 선생님들은 공감하실 겁니다. 좋은 자료가 너무 많아 이것저것 해보다 시행착오를 겪었던 경험…. 같은 차시를 여러 번 하기도 했습니다. 그러다 보니 배움이 나아가지 않고 머물러 나중엔 대충 진도 빼기에 바빴습니다. 잘하고 싶은 의욕이 오히려 독이 되었습니다.

그래서 새로운 도전을 결심했습니다. 5학년 사회-역사 부분 전체를 수업 환경에 맞게 자료를 선별하여 활동 중심으로 재구성하고, 그 중 몇 차례의 수업은 교실 문을 열어 공개해보기로 했습니다. 어렵겠지만 그 끝에 교사와 학생이 함께 얻는 배움이 많으리라 확신했습니다.

그 과정은 생각보다 더욱 어려웠습니다. 하지만, 수업에서 좌절하고 공개라는 부담감에 힘들어할 때 좋은 동료가 되어준 수업 친구들이 있었기에 끝까지 도전할 수 있었습니다.

운이 좋게도 많은 수업 친구를 만난 한 해였습니다. 저는 수업 친구들과 어떤 도움을 주고받았을까요?

수업 친구들 이야기

수업 친구 하나. 수업나눔 동아리 '터닝포인트'

동아리 친구들과는 평소 일상 수업을 나누며 상호 수업 코칭을 받아왔습니다. 또 이번 역사 수업을 준비할 때는 수업 디자인 과정부터 여러 가지 아이디어를 함께 나누며, 평가 계획, 학생과의 소통 문제 등 세세한 부분까지 아낌없는 조언을 받았습니다. 직접 만나 협의할 때까지 기다리기 힘들 때는 밴드나 메시지 등을 통하여 수업 코칭을 해줬지요. 수업이 끝난 후에도 함께 수업을 분석하고 이야기 나누며 끝이 아닌 또 다른 성장으로 이어질 수 있게 지지해주었습니다.

수업 친구 둘. 학교 내 동학년

"우리 학년은 모이기만 하면 수업 이야기가 끊이질 않아요!" 학기 초부터 5학년 선생님들이 스스로 평가하며 한 말입니다. 열심히 연구하는 분위기가 형성되어 있는 우리 학교 내에서도 유별나다 할 정도로 수업 연구를 많이 하고 새로운 도전을 많이 하는 5학년 선생님들은 끊임없이 수업을 함께 연구하고, 먼저 적용한 반의 사례를 공유했습니다. 한 차시를 연구하면 장단점을 정리해 팁을

수업 후 수업 동영상으로 수업나눔을 하며
수업 대화를 하는 모습

나누는 공동연구의 방법을 꾸준히 실천한 거지요. 교내 메신저, 단체 대화방 등을 이용하여 수시로 자료와 수업 아이디어를 공유했습니다. 이렇게 적극적인 동료 선생님들을 만난 덕분에 '역사 영역 추체험 프로젝트*'를 함께 진행할 수 있었습니다.

> * 추체험에 의한 역사수업으로 연기나 글쓰기, 토론 등을 생각할 수 있다. 역사적 사실의 재현과 재생을 바탕으로 하는 추체험은 극화학습, 역할극, 시뮬레이션 게임 등과 같은 연기적 요소가 들어간 활동과 감정적으로 역사에 이입하여 글을 쓰는 역사일기 쓰기, 역사 이야기 만들기, 상소문 쓰기 등이 포함된다. 모형이나 역사신문 만들기와 같은 제작 수업에도 역사로의 감정이입이 들어간 추체험 활동이라고 볼 수 있기 때문에 추체험의 범위는 매우 넓다.

수업 친구 셋. 서로에게 멘토-멘티가 되어 주었던 수업 짝꿍

동학년 선생님들 중에서도 바로 옆 반이었던 선생님과는 수업 친구를 넘어 수업 짝꿍(?)이라고 해야 할 만큼 친한 사이가 되었습니다. 서로의 일상수업 참관 및 공개 계획을 세우고 이를 실천하며 수업 고민을 나누고 수업을 개선하기 위한 노력을 함께했습니다. 때로는 사전 계획 없이 아무 때나 수업에 참관할 때도 있었습니다. 예전 같으면 불시에 내 교실에 누가 들어온다는 것이 매우 불쾌하게 느껴졌을지도 모르겠습니다. 하지만 수업 친구의 갑작

수업 공동연구 주제	일시	수업나눔 과정/수업 친구 활동 성찰
경제 (경제 프로젝트)	5.15 (참관)	• 매월 3주차 수요일 2교시 사회 수업 공개로 정하고 수업 고민을 나누고 서로의 수업을 비평, 조언하기 등 수업나눔 활동을 계획했습니다.
	5.17 (공개)	
	6.1 (공개)	
공개수업 (사회)	6.7 (참관)	• 함께 수업을 연구하고 번갈아가며 먼저 수업을 해봤습니다. 수업 후 함께 수업 반성을 하고 수업을 수정하여 동학년 수업에 도움을 주기도 합니다.
지속가능한 발전	6.8 (참관)	
	6.14 (공개)	
	7.12 (공개)	• 수업 친구 활동으로 서로 많은 도움을 받았고, 교내의 많은 선생님이 우리 학년의 열정적인 모습, 옆 반 선생님과 나의 성장과 변화에 대해 말씀해주셨을 때 가장 큰 보람과 기쁨을 느꼈습니다.
국어 재구성 방안	7.17 (참관)	
	9.6 (공개)	
사회 선사시대	9.11(참관)	

스런 참관은 오히려 반갑고 고맙습니다.

수업 친구가 되어가는 과정에 대하여

수업나눔 동아리에서 만난 선생님들과 수업 친구가 되어가는 과정은 사실 훨씬 수월한 편이었습니다. 우리는 같은 뜻과 자신의 의지를 가지고 만난 선생님들이기 때문입니다. 하지만, 실제 학교에서 수업 친구를 맺고 교실 수업을 공유해나가는 활동은 그보다 훨씬 힘듭니다. 실제로 이런 마음을 가지고 있는 옆 반 선생님들을 만나기란 매우 어렵기 때문입니다. 그렇지만 먼저 마음을 열고, 수업을 열어보세요. 많은 수업 친구와 함께 수업을 준비하는 행복한 경험을 맛볼 수 있을 것입니다.

힘을 모아 만든 역사 수업 재구성 이야기

이렇게 많은 도움으로 만들어간 역사 수업은 단순한 한 차시 수업이 아닌, 전체 단원의 교육과정을 추체험 중심으로 재구성한 큰 기획이었습니다.

다음은 여러 선생님의 도움으로 재구성한 역사 1단원 내용과, 그 재구성을 실제 적용한 과정을 기록하고 성찰한 내용입니다.

사회 5학년 2학기 1. 우리 역사의 시작과 발전　수업 친구와 함께 역사 수업을 재구성했던 내용 중 일부

	재구성	성찰
1차	○ **역사를 배워야 하는 까닭** (평화의 소녀상, 영화 군함도 사례를 통해 추론하고 이야기 나누기) ○ **선사 시대/역사 시대 체감 색칠하기**	─ 단원 개관 등 사회 첫 시간에 다루어야 할 내용이 많았으나, 무엇보다도 학생들이 역사공부의 중요성을 알고 공부를 시작하길 바라는 마음으로 평화의 소녀상, 영화 『군함도』 이야기 등을 통해 스스로 역사공부의 필요성을 느끼길 바람 ─ 선사/역사 시대의 차이를 알고, 선사시대를 체감하기 위해 색칠하는 활동을 함
2차 ~ 3차 연속	○ **꼬마 고고학자** ★ (유물, 유적 사진자료를 통한 생활 모습 유추하기) ○ **선사시대 생활 모습 정리** ○ **추체험 학습** ★ 　─ 뻥튀기, 비스킷 활용하여 선사 시대 도구 만들기 　─ 상상 일기 쓰기	─ 꼬마 고고학자 활동을 할 때 자료는 컬러로 출력하는 것이 효과적임 ─ 비록 직접 돌을 이용해 체험하지는 못했지만, 과자를 들고 진짜 돌인 척 연기하며 즐겁게 체험활동을 함

4차	○ 꼬마 고고학자 (유물, 유적을 통한 생활 모습 유추하기) ○ 청동기 시대 모습 정리 생활모습이 드러나게 가사 바 꾸어 노래 부르기	― 꼬마 고고학자 활동으로 청동기 유물까지 살펴본 후 구석기/신석기/청동기의 특징이 드러나게 가사 바꿔 노래 부르기 활동을 함 ― 모둠 협동 지도를 통해 모둠원 모두가 협동 하여 목표달성을 할 수 있도록 지도하면 더 효과적임
5차	○ 건국 이야기 역할극 ★ ○ 건국 이야기 숨은 의미 추론하기	― 동영상으로 건국 이야기를 시청하는 것보 다 역할극을 하는 것이 훨씬 효과적이고 학생참여가 가능한 점이 좋았음 ― 의미를 추론하는 과정을 통해 사고력을 길 러주고 이미 알고 있는 학생도 다른 방향 으로 생각해보도록 유도하는 것이 필요함
6차	○ 8조법의 내용 통해 고조선 사회 특징 추론하기 ○ 고조선 국회의원이 되어 새로운 법(사라진 법) 만들기 ○ 농경문 청동기 상상화 그리기 (깨진 부분 상상해서 그리기)	― 8조법을 자세히 들여다봄으로써 고조선 사 회에 관심을 갖게 되었으며, 고조선 국회의 원이 되어 새로운 법을 만드는 활동을 직 접 해봄으로써 고조선의 남겨진 법을 통해 사회모습을 추론한 활동을 잘 기억할 것임 ― 농경문 청동기의 깨진 부분 상상화 그리기 시간에는 학생들의 창의적인 생각을 엿볼 수 있었음 ― 생활 공책 '글똥누기'로 '내가 고조선에 살 았다면…'을 쓰며 추체험을 이어나감
7차 ~ 8차 연속	○ 나라가 발전하기 위한 (중앙집권 국가) 조건 토의하기 (삼국 성장 키워드) ○ 건국 이야기의 비슷한 점, 다른 점, 의미 찾기 ○ 시뮬레이션 게임으로 성장 ★ 이해하기 ⇨ 체육 시간에 사회과 융합수업으로 삼국 피구하기	― 삼국 성장 원동력을 모둠 토의한 후 칠판 나누기 구조로 모두 나와 삼국성장의 키워 드를 적게 함 ― 체육시간과 연계하여 세 팀으로 나누고 삼 국피구를 하니 학생들이 적극적으로 각 나 라의 왕 이름을 외우며 활동함

9차	○ 삼국의 발전과정 이해하기 ○ 삼국시대 영토 그리기 ○ 삼국 브루마블 게임 ★	─ 삼국의 발전과정은 교과서 들여다보기 후 칠판 나누기 구조로 정리함 ─ 삼국의 영토 그리기 관련 백지도 양식이 있으면 좋겠음 ─ 브루마블 게임은 학생들이 좋아하지만, 시간이 너무 많이 소요됨. 간단한 방법으로 활동을 바꾸거나, 창체 시간 등을 이용한 게임 활동을 권장함
10차 전체 공개	○ 신분에 따른 삼국 생활 모습 알아보기 ○ 고구려 벽화를 보고 상상 이야기 꾸미기 ★ ○ K-W-L (자기평가)	─ 수업 준비는 힘들었지만 수업 후 수업이 사장되지 않고 수업을 참관한 동학년 선생님들이 수업에 여러 가지 아이디어를 얻어 갔다고 말씀해주시고, 또 이 수업 디자인으로 학부모 수업 공개를 성공적으로 했다는 선생님이 계셔서 보람 있었음
이후 차시 생략		
15차 ~ 16차 증배	○ 역사 유물 만들기 ○ 각 나라의 문화 특징이 드러난 신문 만들기 활동 ○ 전시 및 발표 (갤러리 워킹) ○ 평가 및 정리	미술과 통합하여 4시간, 창체 (컴퓨터) 시간을 이용한 조사 시간까지 합하여 5시간 시간 소요됨 재구성을 통해 양을 줄이고, 학생 참여형 수업을 하고자 했으나, 여전히 시간이 많이 소요됨

역사 재구성   역사 재구성 시뮬레이션 게임 역사유물 만들기

수업자 이야기

수업 친구들이 있기 때문에 다른 과목 수업 연구도 걱정 없었습니다. 배움이 있는 역사 수업을 만들고 싶은 욕심으로 공개 차시뿐만 아니라 전체 단원에 같은 노력을 쏟아부으며 몰입했습니다. 하지만 아무리 열정이 대단했을지라도 동료 선생님들과 함께하지 않았다면 금방 포기하고 그만두었을 것입니다. 동아리 동료가 모여 교육과정을 재구성하고 각 차시마다 체험 중심으로 교실에서도 적용해보고, 수많은 수업 대화를 나누며 해낼 수 있었습니다.

수업에 사용되었던 전략인 다-까 놀이, 비주얼 씽킹 카드, K-W-L차트, 텔레파시 발표, 칠판 나누기 구조 등 그 모든 것이 돌아보니 수업나눔 동아리를 통해 알게 된 것들입니다. 다양한 수업 전략을 학생들과 함께하니 학생들이 지루해하지 않고 신나합니다.

그렇지만 수업나눔 동아리에서 수업 방법만 배운 것은 아닙니다. 학생을 이해하는 시선, 감싸 안는 마음, 나누는 마음, 생활지도 방법… 그 모든 것을 함께 배우고 나눈 덕분에 성장의 기쁨도 누릴 수 있었습니다.

수업 친구들과 동고동락하며 진로교육에 올인하다

수업 친구들 이야기

교육과정을 재구성 연구와 더불어 교과 연구회도 함께해보면 좋겠다는 생각이 들었습니다. 교내 6학년 선생님 다섯이 모여 우리는 오랜 고민 끝에 '진로 검사를 통한 개인별 맞춤형 진로교육'이라는 주제로 교과연구를 시작했습니다.

우리의 만남은 학기 전부터 시작되었습니다. 교육과정을 재구성하려면 많은 시간을 함께 보내야 하니까요. 방학 중이던 2월 초부터 카페에서 만나 교육과정을 재구성하기 시작했습니다. 진로교육에 관한 부분은 더 신경을 써서 재구성했습니다.

솔직히 1년 내내 즐겁기만 했다고는 할 수 없습니다. 처음에는 다양한 아이디어를 내고 아이들이 좋아하는 모습을 보면서 뿌듯하고 행복했지만, 우리가 낸 아이디어가 너무 많아서 그것들을 다 실천할 수 없었고 선택과 집중으로 걸러낼 필요도 있었습니다. 단체 대화방은 자정, 휴일, 방학에도 쉴 틈 없이 계속되었습니다. 가족에게 소홀하게 되어서 미안한 마음이 들기도 했습니다. 그야말로 동고동락하며 진로교육에 모든 걸 쏟아부은 한 해였습니다.

동학년 선생님들 중에서 저와 터닝포인트 활동을 같이 하는 선생님이 있었습니다. 우리는 2개의 수업안을 함께 준비해서 각각 수업 공개를 했습니다. 1개의 수업안은 비교적 빠른 시간에 준비가 잘 되었지만, 나머지 1개의 수업안은 너무 어려워서 준비하는 과정이 힘들기도 했지만 그 힘겨움도 함께 겪으니 괴롭지 않았고 든든했습니다.

진로교육을 위해서 '잡월드'로 수학여행을 가기로 결정했는데, 수학여행을 준비하는 과정이 정말 힘들었습니다. 잡월드는 학생이 개별적으로 회원 가입을 해서 자신이 원하는 직업을 선택해야 하기 때문입니다. 정해진 날짜, 정해진 시각에 원하는 직업을 선택해야 합니다. 학교에서 동시에 선택하려고 보니 접속자가 너무 많아서 컴퓨터가 먹통이 되기도 했고, 한 명씩 하다 보니 뒤에 신청한 친구들은 자신이 하고 싶은 직업을 선택하지 못하기도 했습니다. 2014년에 전 국민이 안타까워했던 세월호 사건의 여파로 수학여행 절차가 부쩍 까다로워지기도 했습니다.

수학여행을 준비하느라 동학년 선생님 모두가 잡월드로 사전답사를 갔을 때 일입니다. 우리는 수학여행 답사 가는 차 안에서도 수업 계획을 세웠습니다. 원래 수업안을 짜는 일은 힘들고 어려운 일이 아닌가요? 그런데 저희는 차 안에서 계속 웃고 떠들며 즐거웠습니다. 어떻게 이런 일이 있을 수 있었을까요? 지금 생각해도 신기할 따름입니다.

함께해서 좋은 수업 이야기
6학년 실과 교육과정에 흥미 유형을 알아보는 차시가 있어 검사지를 구입하여 검사를 실시했습니다. 그 검사 결과를 활용하여 수업을 하면 좋겠다는 생각에 같은 흥미 유형별로 공통점을 찾아보고 이야기하는 시간을 가지기로 했습니다.

처음 계획은 흥미 유형별 공통점을 찾아보고 그 유형에 어울리는 직업을 스피드 게임으로 알아보려고 했습니다. 그러나 동아리 회원들과 사전 수업 협의 과정을 거치면서 게임 형식으로 가는 것보다는 진지하게 직업에 대해 알아보는 활동이 좋겠다는 결론이 났습니다. 이에 따라 모둠별로 자신에게 해당되는 흥미 유형과 관련된 직업을 대해 소개하고 있는 학습지에 관련 직업명을 찾아서 올려놓는 활동으로 수업을 변경해 진행했습니다.

학생들의 자리 배치도 흥미 유형별로 바꾸었습니다. 자리를 바꾸면서 학생들에게는 모둠원끼리 조금 특별한 관계가 있다고만 이야기했습니다. 수업이 끝나고 흥미검사 결과지를 배부하면 학생들이 검사 결과에 더 관심을 갖고 결과지를 읽게 될 것이라 예상했습니다.

다음 수업안은 홀랜드 흥미유형 검사를 바탕으로 같은 흥미유형을 가진 친구들끼리 모둠을 구성하고 서로의 공통점(흥미)을 알아보는 활동과 그에 어울리는 직업을 알아보는 활동으로 구성한 것입니다.

동기 유발에서는 사회형의 대표 인물인 테레사 수녀의 이야기를 들려주고 남을 도와주기 좋아하는 성격과 그에 어울리는 직업

단원 (제재)	1-2. 진로 탐색과 진로 설계	차시	대상	장소	일시
학습 주제	흥미유형으로 알아 보는 진로 탐색	9/20	6-2	6-2 교실	2015. 5.29. (금) 14:00 ~ 14:40
학습 목표	자신의 흥미를 파악하고 자신의 흥미와 어울리는 직업을 탐 색할 수 있다.				

주제(진로) 중심 통합 교육과정 지도 과정

배움 1. 자아이해 (1~4/20)
- 자아존중감 갖기, 나 그리고 타인이 바라보는 나, 진로적
  성검사

배움 2. 진로탐색 (5~18/20)

☞ 교실 안의 배움	☞ 교실 밖의 배움 (진로중심 체험학습)
배움 구성	
○일과 직업의 중요성 ○다양한 직업의 종류와 특성 ○미래 사회 변화에 따른 직업 ○흥미유형으로 알아보는 진로 탐색 (수업나눔)	○일과 직업에 대한 긍정적인 태도 ○자신에 대한 이해를 바탕으로 진로 탐색 (1) ○다양한 직업의 종류 (심화) ○직업체험하기 (수학여행) ○직업인과의 만남

배움 3. 진로설계(19.20/20)
합리적인 의사 결정 과정을 통하여 진로 설계하기

수업자 의도	진로란 평생의 생계를 위해 필요하고, 자아실현을 위한 모 든 것으로 그 중요성은 누구나 인지하고 있다. 100세 시대 를 바라보고 있는 현 시점에서 진로교육의 중요성은 아무리 강조해도 지나치지 않다. 하지만, 안타깝게도 현재 존재하 는 다양한 직업 중 우리 6학년 학생들이 알고 있고, 꿈으로 거론하는 직업은 20여 개 정도에 지나지 않는 실정이다. 이에 본교 6학년 선생님들은 아직 초등학생인 우리 아이들 에게 진로에 대한 올바른 인식을 심어주고, 다양한 직업의 종류를 알아보며 자신에 대한 이해를 바탕으로 다양한 직업 세계를 이해하고 체험해보는 교육이 필요하다고 생각하여 실과와 진로활동 교육과정을 통합 재구성하여 지도하고자 했다. 창체 시간을 이용하여 실시한 홀랜드 검사 결과를 바탕으로 같은 성격유형끼리 모둠을 구성하고 모둠원들이 좋아하거 나 관심 있는 것들을 찾아보는 활동을 통해 서로의 공통점 (흥미)을 알아본다. 흥미유형별로 다양한 직업을 알아본 다 음, 오늘 새롭게 알게 되거나 관심이 가는 직업에 대해 이야 기를 나눈다. 마지막으로 주변 인물들의 흥미 유형에 대해 이야기를 나눠보는 시간을 통해 흥미유형에 대해 적용해보 는 시간을 가지고자 했다.

평가
계획
	· 자신의 흥미유형을 알고 그에 어울리는 직업을 찾을 수 있
	  는가
	· 동기유발에서 사회형의 대표적인 인물인 '마더 테레사'
	  를 알아보며 직업 활동을 통해 사회봉사도 할 수 있음을
	  보여줌

인성
요소
	· 흥미유형별 성격 특징에서 긍정적인 면을 부각시켜 자신
	  을 긍정적으로 바로 볼 수 있도록 함
	· 흥미유형이 같은 친구들과 공통점을 찾아보는 활동을
	  통해 교우관계를 돈독하게 함

〈교과통합 인성교육중심 수업 안내〉

1. 나의 진로

판서 계획	〈공부할 문제〉 　자신의 흥미 유형과 그에 어울리는 직업을 알아봅시다. 〈흥미유형〉 R (현실형): 남성적, 스포츠, 손재주(기계) I (탐구형): 호기심, 영리함, 혼자 놀기 A (예술형): 감수성, 창의성, 아름다움 추구 S (사회형): 친절, 배려, 대인관계 좋음 E (진취형): 경쟁, 리더, 목표 설정, 사교모임 C (관습형): 계획적, 정리정돈 잘함

수업 흐름	주요 활동 내용	자료 및 유의점
생각 열기	◈ 동기유발 ◇ '마더 테레사' 동영상 시청하기 - '마더 테레사'의 성격에 대해 알아보기 - 남을 도와주는 직업에 대해 더 생각해 　보기 ◈ 공부할 문제 파악하기 ◇ 자신의 흥미유형과 그에 어울리는 직 　업을 알 아봅시다.	자) 동영상자료 유) 학생들은 자신의 흥미유 형 결과를 모 르는 상태에서 RIASEC흥미 유형별로 모둠 을 구성함.
준비 및 활동 하기	◈ 흥미유형(RIASEC)별 특징 알아보기 ◇ 흥미유형 알아보기 - 학습지에서 자신이 좋아하거나 관심 　있는 낱말 찾아보기 - 모둠별로 흥미유형 알아보기 - 흥미유형별 성격의 특징(공통점) 찾아 　보기 - 모둠 하브루타 - 모둠별 성격의 특징 발표하기 ◇ 흥미유형에 맞는 직업 알아보기 ◇ 흥미유형별 직업 알아보기 - 모둠별로 1명씩 돌아가면서 직업설명 　문구 읽고 그에 맞는 직업카드 고르기 - 개인별 또는 모둠별로 관심이 가는 다 　른 흥미유형 카드를 골라서 직업에 대 　해 더 알아보기 - 오늘 새로 알게 된 직업 중에서 관심 　이 가거나 더 알아보고 싶은 직업에 대 　해 이야기 나누기 ◈ 주변 인물들의 성격 유형 알아보기 - 다양한 흥미유형을 가진 '김병만'의 성 　격유형 알아보기 - 선생님의 성격유형 알아보기	자) 학습지 1 자) 학습지 2 자) 직업카드, 직업설명카드 · 모둠원들 이 1명씩 돌아 가면서 직업카 드에 적힌 문 구를 읽고 해 당 직업 카드 를 고른다. 유) 6개의 흥 미형카드 중 관심이 가는 다른 카드를 골라서 개인 별, 모둠별로 활동할 수 있 다.
마무리 하기	◈ 오늘 공부한 내용 정리하기 ◇ 새롭게 알게 된 점 및 느낀 점 이야기 　나누기 ◈ 과제 제시 및 차시 예고 ◇ 과제: 진로검사를 가족과 함께 읽어보기 ◇ 차시 예고: 수학여행 잡월드에서 활동 　을 통한 흥미검사 실시	유) 오늘 배운 직업이 자신에 게 맞을 수도 있고 맞지 않 을 수도 있으 므로 모두 수 용한다.

〈교과통합 인성교육중심 수업의 흐름〉

에 대해 알아봄으로써 오늘 공부할 문제와 함께 직업으로 사회에 봉사도 할 수 있다는 정보를 주어 인성교육에까지 연결하려고 했습니다.

활동 1에서는 좋아하는 단어를 통해 모둠원들의 흥미 유형이 무엇인지 알아보고 모둠원들끼리 서로의 공통점(흥미)에 대해 이야기를 나누면서 흥미 유형별로 두드러진 특징에 대해 알아보는 시간을 가졌습니다.

활동 2에서는 흥미 유형별로 직업 설명과 직업카드 짝을 맞추는 활동을 통해 흥미 유형별로 어울리는 직업에는 어떤 것이 있는지 알아보고 관심 가는 직업이 있는지 생각해보는 시간을 가졌습니다.

마무리 활동에서는 우리 반 친구들이 모두 알고 있는 한 연예인과 담임 선생님의 흥미 유형에 대해 생각해보고 어울리는 직업을 추천해보는 활동을 통해 오늘 시간에 배운 내용을 적용해보는 활동을 했습니다.

수업자 이야기

수업이 끝나면 항상 아쉬운 면만 기억에 남습니다. 그런데 이 수업만은 예외였습니다. 터닝포인트 동료들의 칭찬과 격려에 힘입은 이 수업은 내 수업이 아니라, 우리의 수업이었습니다. ○○초 6학년 선생님들과 함께 준비하고 터닝포인트 회원들의 도움으로 만들어진 공동수업안이니까요. 함께 준비했던 즐거운 시간들

수업나눔 사전 협의회

수업나눔 1차 협의회

이 즐거운 좋은 추억이 되어 오래오래 남을 것 같습니다.

거꾸로 수업으로 생활 속 사회 수업에 도전하다

'나는 교사다!'

2015년 어느 봄날, 갑자기 제 머리를 스친 한마디였습니다. 어느덧 15년이란 시간 동안 저는 교사였고 앞으로도 20년 이상 교사일 예정입니다.

지난 시간 동안 나는 무엇을 누구에게 어떻게 가르쳤을까? 학생들은 나를 어떻게 기억할까? 학생들은 나에게 무엇을 배웠을까? 나는 교사로서 행복했나?

어느덧 중견 교사의 위치에 있게 된 나를 바라보며 수많은 질문들로 머릿속이 복잡해졌습니다. 지난 15년 동안 저는 순간순간 나름 최선을 다하며 여기까지 왔습니다. 과연 그 방향성이 맞았던가? 학생들이 행복하고 내가 행복한 시간들이었는가? 정말 지금의 교실이, 내 수업이 형편없어서 혁신하라는 것인가? 무수한 물음표 속에서 돌아본 나에게는 되면서 변화가 절실했습니다.

'수업을 혁신하라! 질문 있는 교실을 만들라! 미래를 이끌어갈 핵심 역량을 강화하라!'

누구나 말로는 할 수 있지만 구체적으로 무엇을 어떻게 할지, 지금까지의 수업은 아무 의미가 없다는 것인지 많은 혼돈 속에서 한 가닥 실마리를 잡아보기로 했습니다. 학생들의 미래핵심역량을 길러주기 위해 좀 더 구체적이고 실천적인 방법을 수업에 도입하고자 했습니다.

이 고민을 혼자 하지 않고 교내 연구회 회원들, 수업나눔 동아리 회원들과 함께하기로 했습니다. 사전 협의회를 통해 수업에 관한 다양한 아이디어들을 수합하고 적용해볼 수 있었고, 수업을 하고 난 뒤에는 사후 협의회를 통해 다른 이의 시선으로 내 수업을 바라보며 생각할 점, 느낀 점 등을 나누면서 내가 교사로서 성장해가는 것을 느낄 수 있었습니다. 이번 책을 준비하며 그때 수업을 준비하면서 작성한 성찰 일지와 사전, 사후 협의록 그리고 참관록을 다시 정리해보니 수업에 대한 고민을 함께 나누던 다양한 장면이 주마등처럼 스쳐갑니다.

생활 속 사회 수업 이야기

학교가 학생들에게 길러주어야 하는 역량은 다양합니다. 그 중에서도 우리 학생들이 민주적 의사 결정 능력, 시민의식을 학교생활 속에서 배우게 하는 법에 주목했습니다. 요즘 학생들이 자신과 공동체의 문제에 무관심하고 또 그 문제를 스스로 해결하지 못하는 모습들을 보며 교사들도 위기의식을 느꼈기 때문입니다. 이렇게 개인주의적인 성향이 다분한 아이들이 만들 미래 사회는 어떨까 하는 괜한 걱정이 앞서 학생들이 생활 속의 공동체의 문제에 관심을 가지며 이를 민주적인 방법으로 해결하도록 구성원 모두가 참여하는 실천적인 방법의 사회과 수업을 준비했습니다.

수업을 구상하기 전에 우리 교실과 학생을 먼저 살폈습니다. 우리 학급은 모든 학생이 스마트폰 활용에 익숙하고 밴드를 통한 소통을 지속해오고 있었습니다. 또한 대부분의 학생이 모둠활동에 자발적으로 참여하며 고학년임에도 불구하고 역할극이나 게임 같은 동적인 활동에 매우 적극적이었습니다. 이런 학급과 학생들 특성에 맞게 수업을 구상하면 좋겠다고 생각했습니다. 이에 거꾸로 교실 방법을 적용하여 수업의 핵심 내용인 민주주의와 참여의 관계를 디딤 영상으로 학습한 후, 본 수업 40분 동안은 실제로 참여를 체험하는 활동 중심의 사회과 수업을 하고 이를 통해 민주주의를 실천하는 태도를 길러주자고 계획했습니다.

밴드 활용하기

의미 있는 수업을 만들기 위해 7월 한 달 동안 우리 사회나 우리 학교의 문제점 등의 생활 속의 문제 중 학생들이 가장 해결해보고 싶거나 해결이 필요한 문제를 학급 밴드의 투표로 선정했습니다. 그리고 수업 전에 밴드로 제공하는 거꾸로 교실의 디딤 영상을 통해 우리나라의 민주화 과정에 관한 역사적 사실의 이해를 돕고 참여의 중요성과 필요성을 인식하게 했습니다. 이때 디딤 영상의 마지막 해결 과제로 참여의 방법을 밴드의 댓글로 달게 했습니다. 학생들은 댓글을 통해 사실을 확인하고 궁금한 내용을 주고받으며 참여 방법을 탐구해나갔습니다. 궁금증이 해결되지 않을 경우엔 본 수업에서 교사의 도움을 받아 해결할 수 있습니다.

실제 수업의 체험 과정에서는 모둠에서 함께 문제를 선정하고 참여 방법을 결정하여 실천하는 체험을 하고 이를 발표했습니다.

마음 다지기 과정에서는 이 수업으로 새롭게 알게 된 점과 소감을 나누며 참여의 중요성을 재확인하고 이를 내면화할 수 있는 방법을 찾았습니다. 비주얼 씽킹 꽃그림을 완성하며 참여를 통해 민주주의가 발전함을 구조화하여 이해할 수 있도록 계획했고, 실제 초등학생의 참여로 문제를 해결하는 정책이 수립된 실제 사례를 제시하며 수업을 정리했습니다.

이러한 체험 중심의 사회과 수업을 통해 아이들은 참여의 중요성을 깨닫고 자신이 선택하고 주도한 방법으로 실생활의 문제를 해결하는 경험을 할 수 있었습니다.

수업자 이야기

수업이 끝났습니다. 끝났다는 홀가분함과 좀 더 잘할걸 하는 아쉬움이 교차합니다.

오늘 수업에서 가장 좋았던 것은 한 명도 빠짐없이 모두가 수업에 참여했다는 것입니다. 평상시 수업에서 발표 한번 하지 않던 아이들이 모둠원들과 협동하여 결과물을 만들어내고 그것을 발표하고 나누었다는 것이 가장 좋았습니다. 수업이 끝나고 정리를 하고 있는데 우리 반 여학생 한 명이 내 앞에 오더니 "선생님, 존경합니다"라며 꾸벅 인사를 했습니다. 수업나눔은 그 과정은 간단하지 않지만, 정말 많은 것을 변화시키는 의미 있는 시간임에 틀림없습니다.

거꾸로 교실 활용하기

수업을 동영상으로 촬영해 수업나눔 동아리 수업 친구들과 함께 다시 보았습니다. 동아리 회원들과 함께 거꾸로 교실 연수를 받았지만 아직 거꾸로 수업이 어떤 수업인지 잘 모르겠다고 하는 분들이 많아 내 수업을 먼저 공개하기로 한 것입니다. 수업 후 내 수업을 동영상으로 많은 선생님들과 다시 보니 부끄럽기도 했습니다. 하지만 내 수업을 반복해 보는 과정에서 아이들의 활동을 유심히 관찰할 수 있어서 도움이 되었습니다.

일반적인 수업과 거꾸로 교실 수업의 차이점에 대해 질문하시는 선생님이 많았습니다. 가장 큰 차이는 거꾸로 수업 방식으로 수업하게 되면 아이들이 미리 무엇을 할 것인지 알고 오기 때문에 학습의 속도, 학습의 양, 학습의 깊이를 스스로 결정하여 자기 주도적 학습이 가능하다는 점입니다. 미리 학습하고 자신이 해야 할 활동을 미리 생각해오기 때문에 어른 교사인 내가 생각하지 못한 창의적인 부분이 아이들에게서 나올 때가 많습니다. 거꾸로 교실 수업을 다양한 활동을 하면서 아이들 간에 이야기를 주고받으며 소통하고, 역할을 나누는 과정에서 서로를 배려하며, 다른 사람의 의견을 듣고 공감하는 등 인성적 성장에도 도움이 되는 수업 방법입니다.

수업이 일회성으로 끝나버리지 않고 이렇게 다양한 수업나눔을 통해 서로의 노하우를 주고받을 수 있는 수업나눔의 가치는 매우 큽니다.

내 수업을 보여준 것 이상으로 다른 수업도 많이 보며 나도 하나씩 수업 노하우를 하나하나 더 쌓아가고 싶습니다.

2장

일상의 수업을 적극적으로

공개하는 선생님들

동영상 수업나눔 어떻게 하나요

수업 친구들과 수업나눔을 꾸준히 할 수 있는 방법을 찾다가 동영상 수업나눔을 시작했습니다. 동영상 수업나눔이란 자신의 수업을 동영상으로 찍어 수업에 직접 참관하지 못하는 수업 친구들과 공유하며 수업 대화를 나누는 방법입니다. 동영상 수업나눔의 장점은 시간과 공간의 한계를 극복할 수 있고, 수업 기록을 오래 남길 수 있으며, 자신의 수업 모습을 객관적인 눈으로 성찰할 수 있다는 것입니다.

동영상으로 자신의 수업을 보는 것은 처음에는 매우 거북하게 다가왔습니다. 처음에는 '내 목소리는 왜 저러지? 다른 옷을 입을 걸 그랬네'와 같이 수업 외적인 면만 자꾸 눈에 보여 동영상 수업 나눔이 힘들기도 했습니다. 하지만 익숙해지다 보니 점점 수업과 학생들이 눈에 들어왔습니다.

'학생들은 어떤 행동을 하고 있지?', '배움이 일어난 부분은 어디인가?', '활동이 어떻게 이루어졌나?', '수업 안에서 서로의 관계는 어떠한가?' 등 수업을 바라보는 다양한 관점으로 수업 동영상을 볼 수 있게 되었습니다.

동영상 수업나눔이 익숙해지면서, 터닝포인트 수업 친구들과 만날 때마다 순서를 정해 서로의 수업 동영상을 보며 코칭과 분석 활동을 해왔습니다. 수업을 볼 때 "수업을 이해의 시선으로 본다"는 말을 마음으로 이해하려고 노력했습니다. 점차 수업의 표면적인 결과를 찾지 않고, 수업자의 고민, 교사-학생 또는 학생-학생 간의 관계, 배움이 일어나는 의미 있는 순간을 들여다보기 시작했습니다. 수업 공개의 부담과 두려움을 떨치고 수업 친구들과 수업을 나누며 수업이 보다 성장하는 것을 느낄 수 있었습니다.

학교 카메라, 연결선 등 복잡한 준비를 하지 않아도 요즘은 핸드폰 카메라의 성능이 좋으니, 간단하게 촬영하여 수업을 공유할 수 있습니다. 삼각대를 이용하거나 교실 한곳에 핸드폰을 고정하여 수업을 촬영합니다. 촬영을 도와줄 수업 친구가 교내에 있다면 더욱 좋습니다.

그리고 한 가지 더! 처음 동영상 수업나눔을 할 때는 동영상을 각자의 USB에 담아 와서 현장에서 직접 동영상을 함께 보는 식이었는데, 이 방법은 시간도 많이 소요되고 여럿이 함께 보니 집중하여 관찰할 수 없었습니다. 그래서 요즘에는 유투브에 수업 동영상을 미리 올려 만남 전에 각자 동영상을 충분히 보고 와서 의견을 나눕니다. 수업 영상을 유투브에 올려 링크된 주소로 연결하면 실명 인증을 하지 않아도 되며, 화질도 나빠지지 않습니다.

＊유투브에 회원 가입 후 로그인 → 미등록으로 설정 후 수업 동영상을 업로드하면 해당 링크 주소를 받은 사람만 수업 동영상을 볼 수 있습니다.

우리들의 동영상 수업나눔 엿보기 ①

2학년, 국어 수업나눔 장면　　〈동영상 수업나눔 과정〉

1. 수업 일시:

　 2017. 6. 21. (수)

→ 수업 후 수업 동영상을 유튜브
　 에 탑재했습니다.

2. 동영상 수업나눔 일시:

　 2017. 6. 27. (화)

→ 동영상으로 수업을 참관한 후
　 10명의 수업 친구들이 모두 모
　 인 날, 함께 수업나눔에 참여
　 했습니다.

3. 동영상 수업 공유 후 수업에
　 관한 이야기를 나누었습니다.

4. 수업자의 수업 소감을 동영상
　 으로 촬영, 기록했습니다.

♧ 단원(과목): 2-1-9. 생각을 생생하게 나타내요(국어)

♧ 수업 주제(차시): 주요 내용을 확인하고 글 읽기(5/10)

이렇게 수업을 디자인했어요

- 학생들 스스로 협력적 상호 작용이 활발히 일어날 수 있도록 수업을 디자인했습니다.

- 학생들 간의 의사소통을 촉진시키는 방안을 생각했습니다.

- 주어진 글을 읽고, 필요한 자료를 스스로 찾아 활용하면서 읽는 재미를 느끼게 하고 더 나아가 궁금한 내용을 책을 통해 다시 찾아보고자 하는 의욕을 불러일으키는 활동을 강구했습니다.

- 평소 학급 운영에서 독서교육과 진로교육까지 연계하여 1년 활동을 해나갈 것을 계획하고 구상하고 있었습니다. 이를 수업에서 어떻게 개개인의 삶과 연계한 효율적인 재구성을 할 수 있을까 고민하여 수업을 디자인했습니다.

의미 있는 수업 대화를 나누었어요

○ 수업자: 읽기 전 활동에서 사슴벌레의 모습을 보여주었습니다. 학생들이 이미 알고 있는 곤충이라고 생각되어 짝과 함께 알고 있는 내용을 말해보게 했습니다. 사슴벌레를 알고 있는 학생이 절반 정도여서 살짝 당황스럽긴 했습니다. 통합교과(여름)와 연계하여 여러 곤충의 모습을 찾아보았더라면 배경 지식을 조성할 수 있었을 거란 아쉬움이 남았습니다. 정리 활동을 할 때, 주

요 내용을 찾는 기회를 주고 싶은 마음에 추가 제시된 자료는 수업이 끝나더라도 읽게 하고 싶었습니다. 책 한 권을 소개해주고 도서관에서 더 찾아보라고 말하고도 싶었고, 책을 놀이방 바닥에 붙여 놀면서 보게 할지, 아니면 책을 숨겨놓을지 수업하는 아침까지 고민이 끊이지 않았습니다. 그러다가 학급문고 뒤에 붙여놓았던 것이 효과적이었던 게 생각났습니다. 아이들은 수업이 끝난 뒤에 관련된 책을 펼쳐보았습니다.

◌ 동기 유발부터 여러 가지 활동의 구성이 촘촘하고 배움이 잘 일어나도록 수업이 구성되어 시종일관 마음이 흐뭇했어요.

◌ 수업 디자인 전에 나누었던 과정평가 결과가 어떠했는지 궁금하군요. 수업 속에서는 학생들이 설명하는 대상 및 특징을 매우 잘 찾던데요. 평가지를 직접 확인해보지 못해서 궁금해요.

◌ 평가에서 주어진 텍스트를 읽고, 글 속에서 알게 된 내용을 찾아야 하는데 이미 알고 있던 내용까지 모두 쓰는 경우가 있었어요.

◌ 이런 경우는 학생들에게 자주 반복적인 글을 읽게 하여 텍스트 안에서만 내용을 찾는 기회를 자주 주는 것이 중요할 것 같아요. 물론, 그런 방법도 있겠지만 지금 저학년 학생들이 글을 읽고 파악하는 방법을 배워가는 과정이니 자연스럽게 성장하고 발전할 것 같네요."

◌ 평가는 매우 힘들 것 같아요. 평가 문항에 얼마나 신뢰도가 있으며 타당한지 생각해봐야 해요. 동학년 선생님들과 함께 연구

하는 태도도 필요하고요.

◎ 교과서에 제시된 기준에 대해서도 생각해봤으면 해요. 저학년에게 생활이라는 말은 넓은 개념이에요. 성취목표에 따라 학생 성장을 돕는 평가에 대해 깊이 있는 나눔이 되었으면 해요.

◎ 과정평가에 대한 책도 읽고 알아가고 있으니, 좀 더 학년군별로 적용해보고 활용해보면 좋겠어요.

우리들의 동영상 수업나눔 엿보기 ②

3학년, 수학 수업나눔 장면

〈동영상 수업나눔 과정〉

1. 수업나눔 일시:

   2017.6.28.(수)

   → 수업 후 수업 동영상을 유투브
   에 탑재했습니다.

2. 동영상 수업나눔 일시:

   2017.7.4.(화)

   → 수업에 활용했던 자료를 함께
   보면서 수업 아이디어를 공유
   했습니다.

3. 동영상 수업 공유 후 수업에
   관한 이야기를 나누었습니다.

4. 수업자의 수업 소감을 동영상
   으로 촬영, 기록했습니다.

♧ 단원(과목): 3-1-5. 시간과 길이(수학)

♧ 수업 주제(차시): 1cm보다 작은 단위 알아보기(5/10)

이렇게 수업을 디자인했어요

− "학생들에게 의미 있는 경험은 무엇일까?"라는 질문에서 수업
이 시작되었습니다. 3학년 동학년 5명의 선생님들과 함께 수업
을 고민하고, 함께 수업을 들여다보면서 수업안을 작성했습니
다.(공동 수업에 도전함)

− "mm의 개념을 어떻게 끌어낼까?"하는 것이 주제였습니다.
1cm를 5칸, 10칸, 20칸 등 여러 칸으로 나누어보는 활동을 통
해 mm를 이끌어내는 것이 수업의 핵심입니다.

− 구체물(OHP 필름 1cm인 투명 자)을 활용한 학생들의 조작 활
동과 모둠별 의사소통 작용으로 1mm를 직관적으로 이해하고
자 했습니다.

− 동학년 선생님들과의 끊임없는 수업 협의와 수업 컨설팅을 받
아 수업을 함께 디자인했고 무려 5차례에 걸쳐 수업안을 수정
했습니다.

− 동학년 선생님과 함께 수업을 고민하고 수업 활동 및 수업 자료
를 여러 차례 수정했습니다.

☞ 학생들 조작 자료로 OHP 필름을 이용하여 실제 크기의 자를 만
들어 사용함.(1cm의 크기가 작아서 10칸, 20칸 등으로 나누기
힘들어 했음)→자의 크기를 크게 하여 조작 자료로 활용했더니

10mm의 크기에 대한 인식의 오류가 생김.→ 다시 자의 크기를 실제 크기와 똑같이 만들어 사용함.

학생 활동 자료 공유하기

수차례 수정한 공동수업안

의미 있는 수업 대화를 나누었어요

○ 수업자: mm의 개념을 어떻게 끌어낼까 고민했습니다. 1cm를 5칸, 10칸, 20칸 등 여러 칸으로 나누어보는 활동을 통해 mm를 이끌어내는 것을 수업의 핵심 활동으로 생각하고 동학년 선생님들과 함께 수업을 디자인했습니다. 수업은 여러 차례 협의하고 수정 보완했습니다.

○ 교과서에는 1cm를 10칸으로 나누는 활동이 없이 당연히 1cm=10mm라고 표현되어 있어요. 우리가 너무 칸 나누기 활동에 너무 비중을 두고, 이 활동이 잘 이루어지지 않는다고 고민하는 것은 아닌가요? 우리가 너무 깊게 생각하는 것은 아닐까요?

◎ 1cm를 10칸으로 나누어보는 활동으로 아이들은 이미 의미 있는 수학적 경험을 하지 않았을까요? 1cm=10mm라는 것을 그냥 받아들이지 않고 왜 10mm인지 생각해보는 기회를 제공했다는 것으로도 충분히 의미 있는 활동이 되었습니다.

◎ 1cm를 실제로 여러 칸으로 나누어보면서 1cm를 10칸으로 나누어야 편리하고 정확하게 길이를 잴 수 있음을 직관적으로 알 수 있는 수업이었습니다.

◎ 호기심을 가지고 1cm를 다양한 방법으로 나누어보는 과정을 모둠별 활발한 의사소통을 기대했다는 것은 욕심이지 않았을까요? 우리한테 나누어보라고 해도 다양하게 나오지는 않았을 것 같아요.

◎ mm 눈금이 이미 그려진 자를 가지고 거꾸로 "왜 10개 칸으로 나눠졌을까?"라는 의문으로 수업을 시작해도 괜찮을 거 같아요. 호기심으로 학생들의 사고가 활발하게 이루어질 것입니다.

◎ '몇 칸으로 나눌까?'라는 주제로 모둠별 협의가 활발하게 일어나기 어려우면 5칸, 10칸, 20칸 등으로 나누어진 눈금을 주고 '어떤 것이 필요한가?'의 주제로 협의하게 하는 방법도 괜찮겠어요.

우리들의 동영상 수업나눔 엿보기 ③

5학년, 수학 수업나눔 장면

〈동영상 수업나눔 과정〉

1. 수업나눔 일시:

   2018.4.30.(월)

   → 수업 후 수업 동영상을 유투브
   에 탑재했습니다.

2. 동영상 수업나눔 일시:

   2018.5.14.(화)

   → 동영상으로 수업을 참관한 후
   10명의 수업 친구들이 모두 모
   인 날, 함께 수업나눔에 참여
   했습니다.

3. 동영상 수업 공유 후 수업에
   관한 이야기를 나누었습니다.

4. 수업자의 수업 소감을 동영상
   으로 촬영, 기록했습니다.

♣ 단원(과목): 5-1-2. 직육면체(수학)

♣ 수업 주제(차시): 직육면체의 전개도 알아보기(6/10)

이렇게 수업을 디자인했어요

- 학생들이 눈에 보이지 않는 입체 도형을 생각하고 소통하며 수업을 할 수 있게 했습니다.
- 직접 조작 자료를 활용하여 직관적인 수학적 사고력을 기를 수 있는 수업 방법을 생각하며 수업을 디자인했습니다.
- 시중에 판매되고 있는 자료(지오픽스) 사용의 예를 나누어보고 단점, 장점을 생각해보았습니다.
- 지오픽스는 사용의 편리성이 있지만, 자료의 제한성이 사고의 한계를 결정짓는 단점이 있었습니다. 그래서 떼었다 다시 붙일 수 있는 자료(접착풀을 활용한 직육면체)를 직접 제작하여 사용하기로 했습니다.
- 수업 중 짝 활동, 모둠 활동, 전체 활동의 활발한 전이를 통한 수업 소통을 중점으로 수업을 구성했습니다.
- 평면에서 입체로 넘어가는 어려운 차시여서 학생들이 전개도를 접어서 입체도형이 되는 과정을 머릿속으로 생각해보고 또 실제로 해볼 수 있도록 설계했습니다.

의미 있는 수업 대화를 나누었어요

◎ 수학은 직접 보고, 직접 만져야 합니다. 머릿속으로 생각해보고

직접 손으로 조작하여 확인하는 수학 수업을 하고자 했습니다. 우리 학교는 교생 실습 학교입니다. 교생들에게 이 수업을 공개하고 협의회를 했는데 현재 학생들이 배우고 있는 '반 힐레의 5단계 기하 교수법'을 눈으로 볼 수 있는 수업이었다는 의견이 많았습니다.

입체도형을 가르칠 때 중요한 점은 무엇일까요?

초등의 기하 분야에서는 면으로 옮길 수 없는 도형을 상상해보는 활동이 꼭 필요합니다.

조작물을 통해 확인하는 과정도 꼭 필요하죠.

주변 사물에서 살펴보고 배우는 과정도 필요합니다.

성취감을 느낄 수 있는 활동이 필요합니다. 학생들은 성취감을 통해 성장해나가니까요.

교사의 적절한 발문으로 수업에서의 교사의 역할을 볼 수 있어 좋았습니다.

수업에서의 교사의 역할에 대해 생각해볼까요? 교사의 역할은 무엇일까요?

조력자입니다. 학생들이 주인공이고요. 학생들이 배움에 도달할 수 있도록 도와주는 것이 교사의 역할이라고 생각합니다.

교사의 역할을 코치라고 생각합니다. 올바른 방향으로 이끌어주고, 학생들에게 내재되어 있는 역량을 최대한 이끌어내어 실력을 발휘하도록 하는 것이 교사의 역할이라고 생각합니다.

…(중략)…

◎ 이 수업에서 가장 인상적인 부분이 점프 과제였습니다. 이 활동을 통해 배운 내용에서 더 나아가 확산적 사고 역시 가능해졌습니다.

◎ 조금 더 생각해볼 수 있는 점프 과제(진짜 2개, 가짜 1개 만들기)를 통해 학생들의 다양한 생각을 이끌어낼 수 있었습니다. 다음 차시와도 연결되는 부분이 인상 깊었습니다. 수학에서 점프 과제에 대한 연구가 필요하다는 생각이 들었습니다.

직접 보고, 동영상으로도 보고

〈공개수업과 동영상 수업을 동시에 진행한 수업나눔 과정〉

1. 수업나눔 일시:
   2018.4.30.(월)
→ 수업시간과 겹치지 않아 직접
   참관이 가능했던 4명의 선생님
   들 직접 수업을 참관했습니다.
   (공개수업 참관)
2. 동영상 수업나눔 일시:
   2018.5.2.(수)
→ 직접 참관이 어려웠던 다른 선
   생님들은 동영상으로 수업을
   참관한 후 10명의 수업 친구들
   이 모두 모인 5월 2일에 수업
   나눔에 참여했습니다.
   (동영상 수업 참관)
3. 동영상 수업 공유 후 수업에
   관한 이야기를 나누었습니다.
4. 수업자의 수업 소감을 동영상
   으로 촬영, 기록했습니다.

♣ 단원(과목): 4-1-3.아름다운 사람이 되는 길(도덕)

♣ 수업 주제(차시): 참된 아름다움 찾기(3/5)

이렇게 수업을 디자인했어요

- 수업 고민을 듣고 수업나눔 동아리 인근 학교 4학년 선생님들이 이 수업 디자인으로 자신의 교실에서 사전 수업 적용을 해보았습니다.(총 3개 학교)

- 다른 학교 사전 수업을 통해 다양한 학생들의 반응을 알 수 있었고, 이를 토대로 수업안을 수정해나가면서 같이 만들어가는 수업을 할 수 있었습니다.(사전 수업의 경험이 본 수업에 큰 도움이 됨)

- 수업을 준비할 때 학생들이 외면적 아름다움에만 치중하지 않을까 고민했는데, 수업나눔 동아리의 동학년 선생님들 학급에서 미리 수업해보니 아이들은 오히려 도덕적 아름다움에 치중하는 경향이 있었다고 피드백해주었습니다. 그래서 1차시 수업을 적용할 때 외면적 아름다움에 대해서도 생각해볼 수 있도록 자료를 많이 준비하여 적용했습니다.

의미 있는 수업 대화를 나누었어요

○ 수업자: 처음 수업을 디자인할 때는 아이들 시각이 외면적 아름다움에 편중돼 있을거라 생각했습니다. 그래서 내면적, 도덕적 삶의 아름다움에 대한 인식을 되살려 참된 아름다움을 느끼고

실천하는데 중점을 두고자 했습니다. 1차시 수업 후 아이들은 외면적 아름다움에 대해 그리 필요하지 않다고 생각하는 비율이 상대적으로 높았습니다. 그래서 외면적 아름다움에는 외모, 바른 자세, 깨끗한 옷차림, 밝은 표정 등도 포함됨을 알려주었습니다. 세 가지 아름다움을 중요한 정도에 따라 가치 수직선에 표시하는 활동을 한 후 개인, 모둠의 대화를 통해 참된 아름다움이 어떤 것일지 생각해보도록 했습니다. 세 가지 아름다움을 조화롭게 지니고 일상생활에서 실천하고 노력해야 모두가 행복한 세상을 살 수 있다는 것을 아이들에게 느끼도록 해주고 싶었습니다.

5학년에서 같은 차시의 수업을 공개하여 참관했습니다. 이 수업에서 학생들은 세 가지 아름다움이 고루 갖추어져야 한다는 결론에 도달했습니다. 그런데 우리 학교 5학년 수업에서는 도덕적 아름다움만이 아름답다는 결론이 내려져 다양하고 균형 있는 결론을 내리지 못한 부분에 대한 반성을 했습니다. 수업을 교사의 의도대로 끌고 가지 않고 학생들 스스로 사고를 촉진시켜 변화가 일어나도록 하는 것이 중요하다는 것을 알게 되었습니다.

수업나눔 동아리 선생님들의 '살아있는 경험'에서 나오는 자료와 생각들이 모아져 좋은 수업을 만들 수 있다는 것에 공감합니다. 자신과 입장이 다른 친구들의 생각을 들어본 뒤 자신의 생각과 입장에 변화가 있었는지 살펴보게 함으로써 자기의 가치 판단을 경험해보도록 하는 의미 있는 시간이었습니다.

◎ 세 가지 아름다움을 중요한 정도에 따라 가치를 수직선으로 표시하는 활동이 인상적이었습니다. 가치에 대한 생각이 고정화될 수 있는데 모둠별로 가치에 대한 생각을 나누어보고 생각과 입장의 변화를 들여다보는 활동을 통해 학생들의 배움이 이루어졌다고 생각합니다.

◎ 아름다움의 중요성을 판단할 때 개인별로 생각을 하게 하는 활동이 필요하다는 것을 알았습니다.

◎ 다른 사람의 의견을 경청하는 모습이 인상적이었습니다. 자신의 생각을 적어보는 활동으로 학습이 구조화될 수 있었습니다. 학생의 삶과 연계한 참된 아름다움을 지닌 사람을 찾아보면서 실생활과 연계가 되었습니다.

◎ 희생과 봉사만이 도덕적 삶의 아름다움을 지닌 것이라는 편견을 버리고 세 가지 아름다움이 모두 조화를 이뤄야 한다는 것을 학생들이 느낄 수 있는 수업이었습니다.

2018년 4월 30일, 같은 날 두 건의 수업 공개가 이루어졌습니다. 그러나 우리는 상관없습니다. 두 수업 모두 볼 수 있고 나눌 수 있으니까요. 바로 동영상 수업나눔이 이루어 낸 마법입니다.

수업나눔, 어렵지 않습니다. 직접 보여주기가 부끄럽다면, 시간이 허락되지 않는다면, 내 수업을 다시 돌아보고 싶다면 동영상 수업나눔에 도전해보세요.

일상의 수업을 의미 있는 수업으로

수학 수업이 재미있다고요?

"선생님! 체육해요!"
"오늘 체육 시간에는 어떤 활동하나요?"

우리 반 아이들은 체육을 가장 좋아합니다.

"또 수학 시간이에요?"
"수학은 왜 배워요?"
"수학이 제일 싫어요!"

우리 반 아이들은 수학을 가장 싫어합니다.
우리 반 아이들뿐만 아니라 대부분의 아이들이 체육을 좋아하고, 수학을 싫어합니다.

"수학을 왜 싫어하니?"
"재미가 없어요, 어려워요."

'아이들이 수학을 재미있어 하고 어렵지 않게 느끼게 할 수 없을까?'

이러한 수업 고민을 수업 친구들과 나누었습니다.

"체육 수업은 몸을 움직이기 때문에 재미가 있어요."
"규칙을 지켜 놀이를 하는 체육 수업은 어렵지 않지요."
"수학 수업도 체육 수업처럼 재미있게 해볼까요? 몸을 움직이는 수업을 하면 되잖아요."
"규칙을 지켜 놀이를 하는 수학 수업은 아이들이 어렵게 느끼지 않을 거예요."
"수학의 모든 단원을 재미있게, 그리고 어렵지 않게 가르칠 수는 없습니다. 아이들에게 유의미한 경험을 가지게 해주는 것이 가장 중요하지요."

수업 친구들과 많은 이야기를 나누면서 몸으로 하는 수학 수업, 규칙을 지켜 놀이를 하는 수학 수업을 고민해보았습니다.

도형? 머릿속으로 그려보다! 조작물을 활용한 수학 수업

"몸으로 하는 수학 수업이라… 구체물을 가지고 조작해보는 활동도 포함될 거 같아요. 구체물을 손으로 직접 만져보고, 느껴보고, 또 만들어보는 직접적인 조작 활동을 통해 몸으로 익히는 수학 수업이 가능할 것 같네요."
"수학에서 도형 단원을 함께 재구성해서 수업나눔을 해볼까요?"

"수포자라고 불리는, 수학을 포기한 학생들이 유독 6학년에 많아요. 6학년은 수학에 대한 실패의 경험이 누적되어서 그런 거 같아요."

"우리 반 한 아이가 수학 시간에 멍하니 앉아 있더라고요. 수업에 집중하지도 않고요. 처음에는 혼을 냈어요. 그래도 그 아이는 수업 태도가 나아지지 않더라고요. 이유를 물어보니 무슨 말인지 하나도 모르겠다고 하더군요. 순간 미안해졌어요. 아이에게 열심히 수업에 참여하라고 닦달한 내가 부끄러워졌지요."

"6학년 학생들을 중심으로 둔 수학 수업나눔을 해보는 것이 좋겠어요. 그 아이들에게 유의미한 경험을 제공하는 것도 교사의 역할이라고 생각합니다."

터닝포인트의 회원들 중에서 6학년 담임을 맡고 있는 선생님을 중심으로 수학 수업에 대한 고민을 시작했습니다.

6학년 수학에서 직육면체의 전개도를 알아보는 활동을 선택하여 구체적인 수업 디자인을 함께했습니다. 직육면체의 전개도를 이해하고, 찾아보려면 직접 직육면체를 만들어보아야 합니다. 직육면체를 평면으로 펼쳐보는 구체적 조작 활동을 통해 직육면체의 전개도를 쉽게 이해할 수 있을 것입니다. 터닝포인트의 회원들은 주변에서 볼 수 있는 상자를 가지고 와 직접 잘라보고 그려보면서 수업에 대한 아이디어를 공유했습니다. 수학에서 수준별 차이를 고려하여 점프 과제도 미리 생각해놓았지요. 점프 과제는 심화 과제라고만 생각할 수 있는데, 그 의미만 아니라 선행 학습을 제외한 본 차시에 습득하여야 할 기본 개념 및 내용을 포함하는 다양한 유형의 과제를 말합니다.

수업나눔에서 나온 다양한 활동도 수학 수업에 적용해보았습니다. 아이들이 개인별로 여러 가지 형태의 전개도를 만들어보는 활동 시간을 충분히 주었습니다. 잘못 만들어진 전개도를 통해 다양한 형태의 전개도를 찾을 수 있게 하여 수학적 직관성을 길러주고자 했습니다. 돌아가면서 말하고 듣는 활동을 통해 수학적 의사소통 능력을 신장시키기 위해 노력했습니다. 수학적 사고를 할 수 있도록 문제를 스스로 해결한 후 전개도를 직접 접어보고 확인하게 했습니다.

♣ 점프 과제
- 개인별로 미리 꾸며놓은 직육면체에서 면을 떼어내어 전개도를 만들어봅니다.
- 모둠별로 전개도를 서로 비교하며 살펴보고 설명해봅니다.
- 모둠 탐방을 통해 다양한 형태의 전개도를 살펴봅니다.
- 다양한 형태의 전개도를 칠판에 붙여 비교하여 봅니다.
- 만들어 놓은 전개도로 직육면체를 만들어봅니다.
- 다양한 전개도를 살펴봅니다.

"오늘 수업은 수학 수업 같지 않았어요."

"전개도를 혼자서 만들어보니 전개도에 대해 이해할 수 있었어요. 그리고 전개도를 함께 만들어보니 다양한 전개도를 만들 수 있었어요."

"스스로 해결하는 과정을 통해서 도형을 이해할 수 있었어요."

수업 친구들과 함께 수업을 고민하고, 디자인하며 준비하면서 학생들에게 수업에서의 유의미한 경험을 하게 해줄 수 있었습니다.

직접 만든 놀이로 배우며 성장하다! 놀이를 활용한 수학 수업

학생들이 친구들과의 관계 속에서 서로 협력하고 배려하며 즐겁게 학습에 참여할 수 있는 놀이 중심의 수학 수업을 함께 고민했습니다.

3학년 2학기 나눗셈에서 '내림이 있는 (몇십)÷(몇) 계산하기' 수업을 함께 디자인해보았습니다.

교과서에 제시된 활동만으로는 내림이 있는 (몇십)÷(몇) 계산을 다양하게 해볼 수 없고 내용이 재미가 없습니다.

생각나눔 ❶

"내림이 있는 (몇십)÷(몇) 계산에 관한 간단한 조작 활동과 마무리 문제에 제시되어 있는 네 문제의 간단한 교과서 구성이 재미가 없습니다. 학생들의 흥미를 불러일으킬 만한 내용이 없어 학생들이 재미있게 활동할 수 있는 방법이 필요합니다."

"바둑돌을 사용하여 조작 활동을 하면 좋으나 나뉠 수가 커서 바둑돌의 수가 많아지면 교실에서의 활동이 어려울 수 있어서 다른 방법을 적용할 수 없을까 고민하게 되는군요."

"교과서에 제시된 활동을 다 한다 해도 수업 시간이 많이 남을 것 같아요. 그렇다고 나눗셈의 도입 학년인 3학년 단계에서 나눗셈 문제를 과다하게 제시할 수는 없고요. 나눗셈에 대한 부담 없이 나눗셈에 재미를 느끼고 즐겁게 연산 활동에 참여할 수 있는 방법을 모색해봐야 할 것입니다."

이러한 생각나눔을 통해 수업에 대한 고민과 이야기를 나누어보고, 구체적인 수업 아이디어를 구상해보았습니다.

수업나눔 ❶

"모든 나눗셈 차시가 활동❶, 활동❷를 통해 묶어보기, 수 모형으로 알아보기입니다. 수업을 도입할 때 학생들이 직접 조작 활동을 통해 계산 원리를 이해하고 형식화할 수 있도록 하는 것이 좋을 것 같습니다. 숫자가 적혀 있는 보드판을 활용하여 고무줄로 묶어보기 활동을 하고 수모형 연결 큐브를 활용하는 것도 좋은 방법입니다."

수업나눔 ❷

"받아내림이 있는 (몇십)÷(몇) 나누기 문제는 10문제밖에 되지 않으므로 다양한 활동 속에서 문제를 반복해서 풀게 하는 것이 필요합니다."

수업나눔 ❸

"학생들이 흥미를 가지고 나눗셈에 즐거움을 느낄 수 있도록 놀이를 도입해보는 것도 중요합니다. 이 때 학생들이 좋아하는 놀이를 직접 생각해보게 하고 평상시 수학 시간에 놀이 활동을 다양하게 해보면 수업이 즐거워질 것입니다."

교사가 변하니 수업이 변합니다. 수업이 변하니 아이들이 변합니다. 재미없고 어렵게만 느껴졌던 수학 수업이 친숙하게 다가왔습니다. 물론 이 시간 수업을 통해서 수학이 재미있고, 어렵지 않은 과목이 되는 것은 아닙니다. 그러나 아이들에게 이러한 수업 경험은 특별하게 기억될 것입니다.

4부

우리는 행복합니다!

교사들의 작은 성장 이야기

수업 친구들과 습관처럼 수업 수다 시간을 가져보세요.

그것이 바로 수업나눔의 시작입니다.

수업을 나누면 교사의 '지혜'가 배가 되고

함께 전문가가 될 수 있도록 서로에게 힘을 줄 것입니다.

수업나눔을 시작하는 우리는 멋진 선생님입니다.

행복한 전문가입니다.

우리의 행복은 학생들에게 전파됩니다.

교실은, 학교는, 작은 행복들로 가득합니다.

"학교 속 그리고 교실 안에서

소소한 행복을 찾아보세요."

1장

교사들의 소소하고 확실한
학교 속 행복 찾기

행복 하나, 교사! 함께 만나다

처음에는 낯설었습니다.

두 번째는 소소했습니다.

세 번째는 걱정되었습니다.

수업나눔 동아리 터닝포인트를 처음 만났을 때는 낯설었습니다. 이런 활동을 한 번도 해본 적 없었고, 처음 만난 선생님들도 있었으니까요. "이렇게 하세요!"라고 가르쳐주는 사람도 없었습니다.

두 번째 만남은 소소했습니다. "일 년에 한 번 수업 성찰 일지를 쓰고 싶어요!" "수업 시간에 아이들에게만 집중할래요." "한 학기에 한 번 다른 사람 수업에 참관하고 싶어요!" 회원들 각자의 수업 다짐을 동영상을 담았습니다.

세 번째 만남부터 걱정이 되었습니다. '어떤 활동을 해야 하지? 수업나눔이 뭐지? 괜히 한다고 했나?'하는 걱정 속에서도 수업나눔 동아리를 어떻게 꾸려야 할지, 어떤 활동을 해야 할지 조심스럽게 이야기를 나누었습니다.

그리고 4년이 흘렀습니다. 더 이상 '수업나눔, 어떻게 할까?'를 고민하지 않습니다. 이제는 함께 수업을 디자인하고, 함께 수업을 공유하며, 함께 수업을 고민하는 것이 당연한 일상이 되었습니다.

"선생님은 모르셔도 돼요, 우리끼리 의논할게요!"가 아니라 "선생님! 함께해요!"라고 말해보세요.

함께하고 싶은 선생님들과 수업 친구가 되어주세요.

자연스럽게 수업나눔이 펼쳐집니다.

시작이 반이라고 했던가요?

해마다 4월은 터닝포인트의 첫 만남입니다.

10명의 회원들의 수업 공개 일정을 고려하여 월 2회의 모임 날짜를 정하고, 그 해의 세부 계획을 함께 의논했습니다.

"자발적이고 적극적인 모습으로 일상 수업을 공개하고 싶어요."

"수업 대화를 많이 나누고 싶어요."

"북카페 활동으로 이 책을 추천하고 싶어요."

"과정중심평가에 대해 공부해보고 싶어요."

"학생들의 인성을 키워주고 싶어요."

"온 책 읽기를 같이 해보고 아이들에게 적용해보고 싶어요."

교사들이 함께 만나면 해보고 싶은 것들이 참 많습니다. 이렇게 자연스럽게 수업나눔이 시작되었습니다.

행복 둘, 일상! 함께 공유하다

흔히, 수업을 '민낯'이라고 표현합니다. 우리는 많은 시간이 걸렸지만, 서로의 민낯을 보여주고 공유했습니다. 수업의 일상, 학교의 일상을 함께 공유하고 이야기 나누며 앞으로 나아가기도 하고, 소소한 행복을 찾기도 합니다. 이러한 공유의 순간들을 잊지 않기 위해 행복한 만남을 일기 형식으로 기록해오고 있습니다. 그중 한 편을 들여다보며, 우리가 어떻게 일상을 공유하고 있는지, 그 안에서 교사들은 어떤 소소한 학교 속 행복을 찾고 있는지 살펴볼까요?

짭조름, 달달한 열정의 도미노

짭조름, 달달한 열정의 도미노라니, 무슨 의미인지 묻고 싶겠지요. 오늘 우리 터닝포인트 회원들의 수업나눔과 수다, 열정이

미식회의 최고의 평점 음식처럼 짭조름, 달달했다는 의미입니다. 나눔과 소통의 연구가 다른 선생님들께 도미노처럼 전해져 '철학이 바뀌고 학생들을 대하는 자세가 진지해졌다'는 소식이 더해져 우리들의 터닝포인트는 그야말로 행복 그 자체였습니다.

2017년 6월, 첫 번째 교육 미식회가 열렸습니다. 음식은 『형성 평가 101가지 기법』(김진규, 교육과학사, 2013) 중 3장 토의 기법과 4장 질문 기법, 그리고 12장 학생 자기 평가 기법 소개가 차려졌습니다.

첫 번째 메뉴로 수석 선생님께서 다른 친구들의 경청 능력이 향상되는 질문 만들기 연습, 관찰력 고등 사고력 형성에도 좋은 변형 예상 지침 방안을 안내했습니다. 이 과정에서 주제와 관련성이 깊은 핵심 질문을 가지고 수업을 전개할 수 있는 새로운 아이디어를 얻어가는 행운을 얻었습니다.

두 번째로 나온 메뉴는 평가 적용 사례로, 평가 기법을 적용하고 수업에 활용했을 때의 장점과 어려웠던 점을 나누는 순서였습니다. 가치 상반 대화 적용 사례, 유사 유추, 자기평가는 우리가 평소 도덕 과목이나 독서 토론 수업을 할 때 적용하는 기법이었습니다. 이 시간을 통해 다시 평가 기법을 정리하고 점검할 수 있었습니다. 가끔 다른 가치관을 지닌 학생을 설득하고 변화시키려는 노력보다 자기 주장만 내세우는 학생 때문에 힘든 경우가 많은데, 이때 가치 상반 기법으로 다른 가치를 가진 학생들의 생각을 인정해주면서도 변화를 이끌 수 있습니다.

세 번째로 나온 메뉴는 '수업, 질문을 만나다'였습니다. 요리 재료는 '발표를 싫어하는 5, 6학년 학생들이 수업에 참여할 수 있는 방법은 무엇일까?'입니다. 고학년 학생들을 가르치다 보면 한번 쯤 그 아이들의 수업 참여 방안을 생각해봅니다. 말하기 싫어하고 혼자 있기를 즐기는 학생들이 함께 배우고 소통하면서 참여하게 이끄는 방법은 무엇일까요? 가장 효과적인 방법이라고 생각한 것은 모둠 토의, 모둠별 조사 및 협동학습이었습니다. 반 전체 앞에서는 말을 못하는 친구들도 모둠 안에서 서로의 생각을 주고받으면서 배움이 일어나고 더 나아가 함께 우정도 키울 수 있습니다.

이어서 모둠 경쟁의 방법으로 발표를 유도하는 방법이 소개되었습니다. 평서문에서 의문문으로 바꾸며 쉽게 질문하고 답변하며 발표력을 향상시키는 방법도 소개되었습니다. 이 방법으로 학생들에게 관찰력 및 경청 능력을 기르게 해줄 수 있었습니다.

오늘 미식회의 마지막 요리는 사회과 수업 영상(2. 환경과 조화를 이루는 국토(13/14))을 보고 함께한 수업나눔과 코칭이었습니다. 수업을 진행하신 선생님이 어떤 의도와 맥락으로 수업을 진행했는지, 무엇을 고민했는지 함께 공감해봤습니다. 학생 스스로 국토를 이용할 때 불편함을 느꼈던 사례를 경험하여 문제점을 찾고 국토 개발의 필요성을 느낄 수 있게 설계한 수업이었습니다. 수업자 선생님께서 직접 그림을 그리며 시범으로 비주얼 씽킹을 보여주었습니다. 학생들이 모둠별로 발표한 비주얼 씽킹을 보면서 5학년 학생들의 재능에 감탄했습니다. 특히 작품을 감상할 때 자주 사용하는 갤러리워크 방법은 학생들이 살아 움직이면서 적극적으로 활동하고 있음을 느끼게 해주었습니다.

다양한 아이디어가 어우러졌고 특히 반 학생들의 감정과 연결 지어 말하는 미덕 활동에서는 선생님의 수업 철학도 느낄 수 있었습니다. 수업에서 받은 느낌을 스스로 다짐하는 과정에서 학생들에게 배움이 일어나는 활동이었습니다.

그래요! 뭐니뭐니해도 교사에게 가장 달콤 짭쪼름한 맛은 수업 공개와 그 수업에 대한 격려와 나눔이 아닐까요? 오늘 함께한 6월 네 번째 미식회는 이렇게 끝나며 한 사람, 한 사람의 열정이 도미노처럼 모두에게 힘을 주고 철학을 바꿔가고 함께 몰입할 수 있는 더 큰 힘이 되겠지요.

2장

교사의 행복이
학생의 행복으로

교사들은 이렇게 수업나눔을 하며 학교에서 소소한 행복을 찾을 수 있었습니다. 이 행복은 교사 내면에서 머물지 않고 학생의 성장과 행복으로 이어졌습니다. 여기 7편의 사례를 소개합니다. 우리의 배움과 나눔이 어떻게 학생들에게 전해졌는지, 교사의 행복이 학생의 행복으로 어떻게 전파되었는지 함께 살펴볼까요?

행복 인형으로 독서 감성을 노래하다

어느 연수에서 내가 꼭 붙잡고 나의 추억, 나의 고민, 나의 삶을 이야기하는데 사용한 토킹피스는 '걱정인형'이었습니다.

'이 인형을 머리맡에 놓고 자면 걱정이 사라지고 행복이 찾아올 거야.'

그 마법 같은 말이 어쩜 그렇게 위안이 되고 마음에 꼭 와닿았는지, 정말 나의 수호천사가 된 것 같은 걱정인형!

올해 우리 반에 또 다른 인형이 나를 행복하게 하고 학생들을 행복하게 하고 있습니다.

"혹시 '걱정인형'을 학생들에게 모두 사주면서 마법을 걸었나요?" 하고 묻는다면 "네, 맞습니다"라고 자신 있게 대답합니다.

걱정인형을 모두 사주지는 않았지만 책 주인공들이 하나 둘 학생들이 손수 만드는 인형으로 되살아나 그들에게 추억과 행복을 심어주고 있기 때문에 자신 있게 '걱정인형'을 학생들에게 모두 사주면서 마법을 걸었다고 웃으며 말할 수 있습니다.

올해 터닝포인트에서 세운 공동 목표는 '온 작품 활동'이었습니다. 학년 독서교육으로 온 작품 읽기 활동 중 '인형극 독서 페스티벌'을 계획하여 추진하다보니, 자연스럽게 학생들이 인형극에 올릴 인형들을 만들게 되었습니다.

『까만 아기 양』, 『아주 무서운 날』, 『욕심쟁이 딸기 아저씨』, 『신발 신은 강아지』까지 벌써 학생들이 작품을 읽고 만든 인형이 최소 4개 이상입니다. 물론 화려하고 멋진 봉제 인형은 아니지만 작은 막대 인형을 만드는데 어쩜 그렇게 행복해하는지 4번째 인형을 만들 때에는 바라보기만 해도 좋았습니다.

책을 짝과 집중해서 읽고, 등장인물의 마음도 이해하여 마음

주고받기도 잘하지만, 무엇보다도 가장 재미있고 행복해하는 시간은 따로 있었습니다. 바로 인형을 직접 만들고, 대본, 배경 그리기 등을 모둠별 친구들끼리 구성하는 인형극 공연입니다.

『까만 아기 양』(엘리자베스 쇼 지음, 유동환 옮김, 푸른그림책, 2017)을 읽고 난 후, 처음으로 인형극을 할 때는 '이 친구들이 해낼 수 있을까?' 라는 생각에 저도 모르게 참견하여 '이렇게 하면 어떨까?' 하며 지도하려고 애를 썼습니다. 그러나 내 걱정과 달리 아이들은 모둠의 특징을 잘 살리면서도 완성도 있는 작품을 만들었습니다.

그뿐만 아니라 전혀 자기표현을 하지 않던 학생도 이 인형극 활동에서는 새로운 모습을 보였습니다. 전체 배경도 주도적으로 그리고, 흰 양 역할을 맡아 「파란 하늘」 노래를 부르면서 즐겁게 활동하는 모습은 저를 더욱 놀라게 했습니다. 그리고 깨달았습니다.

'관계에 매우 힘들어하는 학생에게도 이 인형이 힘을 주는구나! 마법처럼.'

11월 말 그동안 만든 인형극 동영상을 '인형극 페스티벌' 무대에서 상영할 예정이랍니다. 그동안 저는 수업나눔 활동에서 연구하던 다양한 방법 등을 적용해 또 다른 활동을 구상하겠죠.

『욕심쟁이 딸기 아저씨』(김유경 지음, 노란돼지, 2012)를 읽고 시로 인물의 마음을 전하는 활동이나, 욕심쟁이 딸기 아저씨처럼 딸기잼으로 만든 나만의 샌드위치를 다른 반 친구들과 나눠 먹는 활동, 『아

『욕심쟁이 딸기 아저씨』

『까만 아기 양』 인형극

주 무서운 날』(탕무니무 지음, 홍현숙 옮김, 찰리북, 2014)을 읽고 세계를 주름 잡는 건축가가 되어 우리 동네를 멋지게 설계하는 활동 등을 펼칠 예정입니다.

인형극 활동은 읽는 책이 바뀌어도 반복할 수 있는 활동입니다. 이렇게 매력적이면서 학생들을 확 끌어당기는 활동은 많지 않습니다. 인형처럼 동화 속 주인공이 되어 용기 있게 세상을 만나는 방법을 찾고, 그들의 마음을 읽으며, 새로운 경험을 하면서 함께 성장할 수 있는 인형극, 그 인형극의 주인공이 바로 우리 학생들이겠지요.

그들에게 마법 같은 행복을 주는 인형은 언제가 손에 꼭 붙잡고 삶과 추억을 이야기하는 새로운 그들만의 토킹피스가 되겠지요.

온 작품 읽기   2018년 1학기 수업 토크 중에서

4월!

'미세 먼지 나쁨'의 그리 좋지 않은 2018년 4월의 봄날!

우리 터닝포인트의 수업 친구들이 한자리에 모였습니다. 수업나눔을 시작한지 벌써 4년째입니다. 간간히 불어오는 바람에도 굴하지 않고 그 흔들림을 이겨내며 교육에 대한 열정의 끈을 이어온 수업 친구들, 박수를 보냅니다. 올해도 열심과 기쁨으로 연구하는 한 해가 되자는 우렁찬 박수와 함께 4월 모임을 시작했습니다.

첫 번째 활동은 올해 공동 연구 주제로 정한 '한 학기 한 권 읽기'

시간입니다. 온 작품 읽기란 무엇인지, 온 작품 읽기의 과정은 어떠한지 우리들의 궁금증을 모조리 풀고 싶었습니다. 온 작품 읽기에는 크게 세 가지 조건이 필요하다고 합니다. 그 첫 번째 조건은 교과서에 실린 일부분의 지문에 해당하는 책을 마련하여 온전한 작품을 읽어봐야 한다는 온전함입니다. 두 번째 조건은 되도록 아이들의 삶과 맞닿아 있는 작품이어야 합니다. 세 번째 조건은 아이들이 스스로 적극적으로 읽어야 한다는 것입니다. 또한 온전함을 위한 시도, 작품을 찾기 위한 시도 등 온 작품 읽기에는 일련의 과정이 필요합니다. 그래서 세 종류의 책을 여러 권 구입하여 수업 친구들과 함께 읽고 적용하기로 했습니다. 온 작품 읽기의 과정을 모두 실천한 경험을 학생들을 지도하는 데 밑거름으로 삼기로 한 것입니다.

그리고 5월!

『온 작품 읽기』 강의가 열렸습니다. 오후 5시 35분부터 오후 6시 5분까지.

'시는 시답게, 그림책은 그림책답게'라는 주제로 나눈 주요 내용은 다음과 같습니다. 시는 시집이 집이고 시 한 편도 온 작품으로 이해해야 한다는 점, 반 학생들의 시 선집을 만들어서 학생들의 이야기를 만나고 감정을 느끼고 공감하며 읽어주라는 점, 여러 꼬마 작가의 감성이 풍부하게 드러나는 시 수업을 위해서는 학생들과 재미있게 놀 수 있는 시를 찾는 것이 중요하다는 점이었습니다. 다음 주제인 '그림책을 그림책답게'에서는 저, 중, 고 난이도의 그림책 관련 수업이 소개됐습니다. 가족, 생활, 관계 중심의 그림책을 선정하고 그 그림책 속의 경험을 나누는 과정이 학생들 스스로 서로를 이해하는 활동을 전개하는데 매우 효과적이었습니다.

6월!

한 선생님께서 『동화 수업 레시피』(권혁준 외 지음, 박이정, 2017)를 읽고 나눌 이야기를 준비해오셨습니다. 처음에는 『동화 수업 레시피』에 소개된 수업 내용을 정리해서 발표해주시나 했는데, 선생님은 책 내용을 읽고 직접 적용하고 싶은 마음에 성취기준을 분석하고 관련 교과를 묶어 교육과정을 재구성하셨다며 그 내용을 발표하셨습니다. 『기호 3번 안석뿡』(전현민 지음, 한지선 그림, 창비, 2013)이라는 책으로 어떻게 하면 보다 학생들 삶에 다가가는 수업을 할 수 있을까, 어떻게 하면 학생들에게 배움이 일어나는 수업을 할 수 있을까 고민하고 프로젝트 수업을 준비해오신 선생님의 모습이 감탄스럽고 존경스러운 마음이 절로 들었습니다. 이런 선생님과 함께 수업나눔을 하고 있다는 자부심도 생겼습니다.

'다음 내 차례 발표 때도 열심히 준비해야겠구나' 하는 부담감과 책임감도 더불어 다가옵니다. 아직 활동 전이라 좋은 의견을 더 달라는 한 선생님의 요청에 다른 선생님께서 읽기 전 활동으로 주요 문장으로 책 내용을 상상해보는 활동을 추천해주셨습니다. 선생님이 이 프로젝트를 직접 적용해보고 들려주실 생생한 후기가 벌써 기다려집니다.

7월!

동영상 수업나눔 시간입니다. 『가방 들어주는 아이』(고정욱 지음, 백남원 그림, 사계절, 2003)라는 도서로 온 작품 읽기를 도전하며 '인물의 마음 알아보기'라는 주제로 수업을 하신 것을 나눔해주셨습니다. 책 선정의 과정부터 수업을 준비하며 했던 고민들까지 차근차근 말씀해주시니 준비 과정이 선명하게 그려졌습니다.

학생들이 직접 만든 부정적 감정과 긍정적 감정이 적힌 14개의 감정카드를 이용한 것, 이 감정카드를 다양한 수업에 적용하고 있다는 것, 수업 자료로 학생들이 책을 읽고 직접 그린 작품을 스캔하고 인화지에 출력하여 활용한 것, 책의 장면을 그린 작품을 실제 자료 및 화면에 보여주는 자료로 활용한 것 등 배워갈 점이 많은 수업이었습니다.

수업을 준비하며 했던 고민도 함께 나누고, 수업에 사용되었던 자료도 직접 들고 와 공유해주시니 이 수업이 우리 모두의 수업이 된 느낌이었습니다. 올해는 교실을 벗어나 수업을 안 하고 있지만 이렇게 모임의 수업나눔 시간이 있으니 수업에서 멀어지지 않고 수업에 대한 궁금증, 호기심이 해소되는 느낌이라 이 시간을 특별히 아끼게 되었습니다.

성장하는 교사와 함께 성장하는 학생

사회 수업 나누기　　　　　　　　　　　　　2018년 4월 16일 수업 토크 중에서

북으로의 깜짝 방문, 평양냉면 만찬, 소나무 식수 등 남북정상회담의 눈에 띄고 감동적인 장면들처럼 우리 모임에서도 아름다운 장면과 성과가 많은 날이었습니다. 그 중에 가장 눈에 띄고 감동적인 장면 몇 가지를 그려보고자 합니다.

첫 번째 장면은 수업나눔을 통해 성장한 선생님 개인의 소리입니다. 교실에서 실시한 사회 수업 동영상을 보며 수업에 대한 이야기를 나누었습니다. 5학년 학생들을 대상으로 사회과 수업이었습니다. 신분에 따른 삼국시대 사람들의 생활 모습을 자료(유물, 유적)를 보고 상상하며 이야기를 꾸며 활동하는 수업이었습니다. 학생들 개개인의 역사에 관한 해석의 수준 차이를 극복하기 위해 모둠별로 많은 의사소통이 이루어졌고 간접 체험도 해볼 수 있었던 좋은 수업이었습니다. 상황극 꾸미기를 통해 공동체적 역량을 기를 수 있게 수업을 구성하여 좋았다는 의견이 많았습니다. 터닝포인트 수업 친구들의 다양한 관점과 경험에 의한 활발한 의견 나눔으로 교육 연구의 꽃이 활짝 피어나는 4월 16일……. 흐뭇한 연구 시간이었습니다.

수업나눔 동아리를 통해 함께 배운 거꾸로 교실과 비주얼 씽킹

을 도입해 학급을 운영하고 수업을 진행해봤습니다. 새로운 것을 배우고 실제로 적용해보는 것은 언제나 즐거운 일이니까요.

사회과 수업에서 '공동체 문제 해결 과정에 직접 참여해보기'라는 주제로 공동체의 당면한 관심사를 가지고 참여를 통한 민주적인 방법으로 문제를 해결해보는 수업을 거꾸로 교실 방법으로 진행했습니다. 사전에 학습한 내용을 바탕으로 실생활 주제에 대해 직접 참여해보는 활동을 하니 교사의 강의 시간보다 학생들의 활동 시간이 훨씬 길어져 내실 있는 모둠 활동을 펼칠 수 있었습니다.

1모둠은 공익광고 형식의 동영상을 제작했는데 작품의 완성도가 있고 스토리도 좋았습니다. 2모둠은 몇몇 아이들이 대본까지 쓰는 적극성을 보이며 역할극을 선보였습니다. 3모둠은 캠페인 활동을 글로 써서 나타냈습니다. 종이를 넘기며 캠페인을 벌이는 활동인데 거의 발표를 하지 않는 여학생이 그 모둠에 있어 조금 걱정됐지만 모두가 참여하는 캠페인이라 모처럼 그 학생의 목소리를 들을 수 있어서 좋았습니다. 4모둠에는 우리 반 가장 무기력한 남학생이 한 명 있습니다. 4모둠은 시위 활동을 한다고 하여 그 남학생이 역할을 잘해낼까 걱정했는데 모둠 아이들이 시위 현장을 통제하는 경찰 역할을 주어 그 아이가 큰 부담을 갖지 않고 참여할 수 있도록 유도했습니다. 경찰 아버지를 둔 친구는 경찰

모자까지 준비해왔는데 준비 과정에 모자를 쓰고 거울 앞에서 이리저리 자기 모습을 비춰보는 그 남학생에게 제가 "정말 경찰 같다!"라고 하니 활짝 미소를 지어보였습니다.

판서를 할 때는 그 동안 배운 비주얼 씽킹으로 정리해봤는데 비록 완성도는 떨어졌지만 학생들에게 제가 전달하고자 하는 바를 오래 기억에 남도록 도식화하여 보여줬다는 것에 의의를 둡니다. 그래도 착한 우리 반 학생들이 "우와~"하며 별 것도 아닌 제 그림에 환호를 보내주어 기분이 좋았습니다.

수업나눔 동아리를 통해 배운 것을 수업에 직접 적용해보면서 나도 성장하고 동시에 학생도 성장한다는 것을 깨달을 수 있었습니다. 이런 보람 때문에 오늘도 저는 배우고 성장하기 위한 터닝 포인트 모임에 즐겁게 참여합니다.

협동의 힘

친구와 함께 도덕 수업 디자인하기　　　　　2018년 4월 30일 수업 토크 중에서

　두 번째 눈에 띄는 장면은 수업나눔을 통해 일어난 선생님들 성장의 소리였습니다.

4월 30일 4학년 수업 동영상을 미리 보고 동영상 수업나눔을 하면서 느낀 성장의 이야기입니다.

"수업자의 수업 성장 이야기의 계획 단계부터 사전 수업 협의회를 통해 함께 생각거리 및 자료 선정 등을 협의회를 진행했습니다. 4학년 다른 학교 2군데에서 미리 이 수업을 해보고 난 후, 공유했던 녹음 내용이나 결과물을 통해 함께 생각거리를 찾아보고 어려워하는 부분은 다시 점검해봤죠. 그러한 과정에서 더 나은 수업 디자인이 탄생이 되었으며, 그중 개개인의 아름다운에 대한 가치에 대한 생각이 잘 드러나게 다시 구상한 점에서 효과적이었습니다."

수업자로서 최선을 다하고 그동안 어떻게 수업 디자인하고 적용하려고 노력했는지 보여주는 감동의 소리였습니다.

사전 수업 후 학생들 반응을 녹음 자료로 만들어 보내주신 선생님은 다른 선생님께 도움을 준 게 아니라 오히려 많은 도움을 받았다고 하셨습니다. 풍부한 이야기를 이끌어내기 위해서 직접 현장에 가서 수업을 참관한 것이 동영상 수업을 참관한 것보다 낫다는 선생님의 이야기도 있었습니다.

참된 아름다움을 찾아가는 도덕 수업 후, 수업 친구들의 숨은 공을 알게 되었습니다.

'학생들 생각의 나래를 펼치기 위한 수업 디자인은 이렇게 해야 되지 않을까?' 하는 생각으로 수업나눔 후에도 긴 여운을 남긴 장면들이었고 협동의 힘에 대해서도 다시 생각해보게 되었습니다.

수업나눔 동아리에서는 매번 수업 질문을 합니다. 질문에 대한 답을 수업 친구들과 함께 찾아가는 과정이 곧 수업 성장을 위한 노력입니다.

이번 주 수업 질문은 '협동'입니다.

"서로의 마음과 힘을 모아 협동하는 법을 알아볼까요?"

'우리 아이들은 협동에 관해 아는 것을 자신의 삶에서 실천하려고 노력하고 있을까?'에서 시작된 질문입니다.

"우리 아이들은 협동의 필요성은 알고 있지만 실제로 실천하지는 않는 경우가 많아요. 머리로는 알고 있지만, 행동으로 이어지지 않는 거지요."

"우리 주변에서 협동이 필요할 때가 많아요. 수업 시간에 협동하는 경험을 교사가 의도적으로 갖게 해주는 것은 어떨까요?"

"미술 시간에 '가을'에 관련된 작품 만들기를 한 적이 있어요. 우리 반 아이들이 친구들과 함께 만들어도 되냐고 물어보더라고요. 그러더니, 스스로 협동해서 멋지게 작품을 만들었어요. 함께 만든 잠자리와 허수아비를 보며 뿌듯해했어요. 교사가 말하지 않아도 아이들 스스로 함께하더라고요."

"4학년 도덕 교과서를 보면 협동의 경험을 '청소하기'로 제시되어 있어요. 청소보다는 아이들이 보다 좋아하고 관심을 가질 수 있는 주제로 수업을 재구성하는 것이 좋을 것 같네요."

서로의 마음과 힘을 모아 협동을 잘할 수 있는 방법을 수업나눔 동아리 수업 친구들과 함께 찾아봤습니다.

지금은 도덕 시간입니다.
아이들은 협동을 잘할 수 있게 하는 말, 마음가짐, 행동에 대한 토의를 시작합니다.

"힘들더라도 잘할 수 있을 거야. 힘내자."
"조금 더 노력하자."
"긍정적인 마음을 가져요."
"나 먼저 실천해요."
"친구에게 짜증내지 않아요."
"친구에게 지시하듯이 말하면 안 돼요."
"서로 심하게 경쟁하지 않아요."
"친구의 말을 경청하며 나의 주장만 내세우지 않아요."
"친구의 기분을 생각하여 고운 말로 해요."
"친구를 배려해요."

아이들이 열심히 자신이 생각한 것을 말합니다. 그리고 협동의 과정에서 일어날 수 있는 어려움과 문제점도 생각해보고 협동의 과정을 지켜 미션을 완성해볼 것을 다짐해봅니다.

첫 번째 미션, 친구들의 마음과 힘을 모아 규칙을 지키며 '협력 컵 피라미드 쌓기'를 완성해볼까요? 규칙은 간단합니다.

1. 이동 중에는 컵에 손을 대지 않습니다.
2. 고무 밴드로만 컵을 옮길 수 있습니다.

공동체 역량을 기를 수 있는 협력 컵 쌓기

협동의 힘

"와~ 안 될 것 같았는데 친구들과 방법을 토의하고 천천히 하니까 쌓아지네요."

"포기하고 싶었는데 친구가 계속해보자고 해서 다시 해보게 되었어요."

시행착오 끝에 완성한 모둠의 탄성이 들립니다.

여럿이 함께하기 때문에 규칙을 지키면서 서로를 이해하고 배려하는 것이 필요합니다. 함께하면 어려움을 해결해나갈 수 있다는 의지가 생기고 협동을 잘하기 위해 어떤 자세와 태도가 필요한지도 익힐 수 있는 살아 있는 배움의 시간이었습니다. 앞으로 아이들이 살아가면서 함께 해결해나가야 할 일이 아주 많을 것입니다. 협동을 잘하기 위해 어떤 마음과 태도를 가져야 하는지 생각하며 나만 생각하지 않고 더불어 행복하게 살아갔으면 합니다.

믿는 만큼 성장한다

"우리 선생님은 참 합리적이신 거 같아요. 우리 애가 이렇게 말하면 선생님 하시는 말씀을 잘 따른답니다. 덕분에 교우 관계에서 있었던 문제들이 조금 더 쉽게 풀린 거 같아요."

"선생님께서 미술 시간에 칭찬을 많이 해주셔서 우리 애가 자신감을 얻었어요. 집에서 선생님 웃는 표정을 그대로 흉내 내었어요."

"우리 애가 미술을 좋아하게 되었어요. 미술 시간이 재미있다고 하네요."

학부모 상담을 하며 들었던 이야기입니다. 칭찬을 들으니 기분이 좋았습니다. 열심히 학급을 운영해서 나온 결과들을 보니 뿌듯하기도 했습니다. 이러한 결과는 함께 공부하고 의견을 나누어주었던 수업나눔 동아리 선생님들 덕분입니다. 처음 동아리의 시작은 작은 용기였습니다. 하지만, 한 해 한 해 배워가고 적용해가면서 눈에 보이는 학생들의 성장과 학부모님들 반응이 큰 힘이 되었습니다. 관심사였던 인성교육, 진로교육, 사회적 기술, 온 책 읽기 등을 수업나눔 활동을 하면서 다양하게 접할 수 있었습니다. 가장 좋았던 점은 아이디어를 공유하는 활동이었습니다.

'내 생각이 아니라, 아이들의 입장에서 생각해보자.'

아이들을 믿고 수업 활동을 맡겼습니다. 아이들이 스스로 생각해보고, 결정해보기를 원했습니다.

'교실 안에서 행복하다면….'

이것이 바로 수준별 교육의 최종 목표란 생각이 들었습니다. 이런 교육 철학을 수업에 녹여내고 싶었습니다.

특히, 미술 시간은 학생별 수준차가 있더라도 다양한 활동을 통해 개성을 표현할 수 있는 시간입니다. 물론 그러한 장점 때문에 교사 입장에서 칭찬을 조금 더 할 수 있고, 학생은 자신감을 찾

문자 디자인

한복 디자인

을 수 있습니다. 미술 활동의 결과물이 보이기 때문에 성취감도 큽니다.

이번 미술 시간에는 미술과 진로를 통합하여 디자이너처럼 한복과 문자를 디자인했습니다. 각자 개성 있게 표현하여 모둠 친구들에게 자신의 작품을 설명했습니다. 교우 관계에서 어려움을 겪던 진환이도 그 시간만큼은 자신 있게 발표했습니다. 그러자 한 아이가 "우와, 역시 진환이는 미술을 참 잘해! 이것도 잘 만들었어"라며 그 아이를 칭찬해주었습니다. 그때 진환이의 환한 웃음을 봤습니다.

"진환이는 미술 시간에는 자신감이 넘쳐요."
"우리 아이가 꿈이 생겼습니다. 선생님, 정말 감사합니다!"

학부모 상담을 하며 이런 대화를 나누었습니다. 어머니도 아이처럼 미술에 관심을 가지게 되었고, 미술 관련 교육에 조금 더 신경을 쓰시게 되었습니다.

"우리 아이에게 꿈이 생겼습니다."

어머니의 그 말씀이 귓가에 떠나지 않아, 진로 교육까지 관심 분야가 확장되었습니다. 진로 교육에는 단계별 성취목표가 다르게 설정되어 있습니다. 중학년까지는 '자신의 장단점을 알아보며

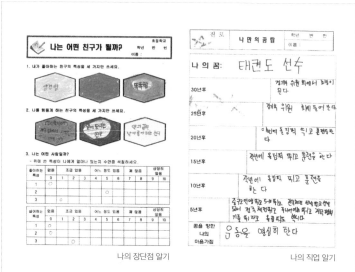

나는 어떤 친구가 될까?

초등학교
학년 반 번
이름 :

1. 내가 좋아하는 친구의 특성을 세 가지만 쓰세요.

- 착한것
- 똑똑함

2. 나를 힘들게 하는 친구의 특성을 세 가지만 쓰세요.

- 거짓말 하는 친구
- 힘들게하는 친구
- 약속을 안지키는 친구

3. 나는 어떤 사람일까?

- 위에 쓴 특성이 나에게 얼마나 있는지 수만을 색칠하세요.

좋아하는 특성	없음		조금 있음			어느 정도 있음			꽤 많음		상당히 많음
	0	1	2	3	4	5	6	7	8	9	10
1	○										
2						○					
3					○						

싫어하는 특성	없음		조금 있음			어느 정도 있음			꽤 많음		상당히 많음
	0	1	2	3	4	5	6	7	8	9	10
1	○										
2	○										
3	○										

나의 장단점 알기

진로	나 만 의 꿈 탐	학년 반 번
		이름 :

나의 꿈: 태권도 선수

30년후	거기에 위원 회에서 임원이 된다
25년후	개박 위원 회에 들어간다
20년후	여기에 올림픽 뛰고 훈련한다
15년후	전에 올림픽 뛰고 훈련을 한다
10년후	전에에 올림픽 띠고 훈련을 한다
5년후	중고등때 띠고 5띠 따고, 전국체전 선수뽑고 어쩌고 5단이 되고, 세전뛰고 궁너어나 뛰고 거금 평화 기를 띠고 올림피도 한다
꿈을 향한 나의 마음가짐	운동을 열심히 한다

나의 직업 알기

네 꿈을 펼쳐라!

1. 내가 이루고 싶은 꿈은 나와 잘 어울리는 꿈일까요? 나와 잘 어울리는 꿈이라면 어떠한 노력이 필요할까요?

나의 흥미, 적성	나의 꿈	내가 선택한 꿈을 이루기 위해 필요한 특성	내가 선택한 꿈을 이루기 위해 필요한 특성 중 내가 갖추고 있는 특성	꿈을 위해 내가 노력해야할 부분	꿈을 위해 주변의 도움이 필요한 부분
운동, 공따르기, 튤,검도, 태권도	경찰	격투기 대련, 평소 흥미 나 태권도를 할수 있는 능력, 배려심이 많고, 인성이 좋아야 한다. 마지막, 자력.	배려심이 없다 라고 많다고 많이 듣음	한가지 운에 집 중과 충성심을 다하며 자력 을 해내나 번써 집중력 카메라	주변 경찰청에 들어 연담 를 해나가 여버 뭐뭐 뭐 누려함을 받

2. 1번에서 정리한 내용을 바탕으로 내가 이루고 싶은 꿈에 대해 소개하는 글을 써 봅시다.

나의 꿈에 대해 소개합니다.

운동과, 뭐, 검도, 태권도를 좋아하며 꿈은 경찰된다. 경찰이 되기위해 격투기 대한 흥미, 관심 무슨에 태권도를 더 열심해해나갈 것. 그리고 배려심이 많은 인성이 좋아야하고 마지막 자력 또한 좋아야한다. 그리고 배려심이 많다고 많이 듣는다. 내가 노력해야 할것은 한가지 일에 집중하고 충성심을 다하며 자력, 집중력 키워가겠다. 내꿈을 위해 도움이 필요한 부분 주변 경찰청에 연담을 할 거나 뭐뭐뭐 뭐 누려함을 받는다.

내 꿈 펼치기

다양한 직업의 종류를 탐색하기'입니다.

자신을 알아가는 과정에서 비주얼 씽킹 카드와 성격 강점 카드를 활용한 수업을 했습니다. 비주얼 씽킹 카드와 성격 강점 카드, 관련 학습지를 정리해가며 수업을 했더니 한 시간이 금방 지나갔습니다. 아이들끼리 서로 같은 카드를 가지겠다고 싸우면서 서로 비슷한 점을 발견하기도 했습니다. 한번은 성격이 급한 친구들끼리 싸우길래 이렇게 물어보았습니다. "저번에도 카드 때문에 싸우더니 서로 성격이 비슷해서 그런가보다. 지금 친구의 기분이 어떤지 서로 너무 잘 이해할 수 있겠는데?" 아이들 마음이 금세 풀어졌습니다.

고학년은 구체적인 직업의 종류와 그 직업을 갖기 위한 현실적인 방법을 알아보는 단계까지 갑니다.

"아~ 이런 일을 하는구나!"

"이렇게 노력해야 하네요!"

아이들의 반응을 보며 삶과 연계되는 깨달음이 진정한 교육이라고 느끼게 되었습니다. 수업나눔 동아리 활동을 하면서 제가 느낀 깨달음은 아이들의 깨달음이었습니다.

'교사는 아이들과 함께 성장한다'는 말이 생각났습니다.

어느덧 4년이란 세월을 함께한 터닝포인트 모임은 부담과 설렘과 기대를 함께 줍니다. 4년 동안의 교직생활을 되돌아보면 터닝포인트가 나의 길잡이이자 길동무가 되어주었기에 항상 모든 것에 즐거운 마음으로 참여할 수 있었던 것 같습니다.

좋은 선생님이 되기 위한 걸음마를 시작하다

"선생님, 남자친구 있어요?"

새 학기가 시작된 이튿날 급식 시간이었습니다. 제 맞은편에 앉은 학생이 대뜸 질문했습니다. 순간 당황했습니다. 큰아이가 중학교에 입학했으니까, 벌써 결혼한 지도 15년이 되어가는데 말입니다. 그렇다고 "응, 난 남자친구가 없어"라고 대답하기에는 질문자의 의도와는 거리가 있지 말입니다. 학생들 하교가 끝나고 교재연구실에서 동학년 선생님들에게 이 일을 자랑하며 한참을 배꼽 잡고 웃었답니다. 제가 교사가 아니었다면 어디 가서 그런 질문을 받을까요? 아이들은 때로는 저를 힘들게 하기도 하지만, 저를 기쁘게 하고 웃게 만드는 것도 아이들입니다.

수업나눔 모임에 참여하기 시작한 것은 2015년이었고 그 시기는 저에게 무척 바쁜 해였습니다. 혁신학교 학년 부장을 하면서 교과연구회 활동을 했거든요. 그때는 사실 학생들에게 더 많은 관심을 갖지 못했던 것 같아 미안합니다. 2년차인 2016년에는 수업 나눔 모임에 대한 열정이 조금씩 사그라들고 있었습니다. 그때 같은 모임의 다른 선생님은 교생 실습 학교에 근무하고 있었는데, 모임에서 배운 내용을 교생 지도에 활용할 수 있어 좋다고 했습니다. 그때부터 저도 배운 것을 학생들에게 적용해보아야겠다고 생각했습니다.

터닝포인트의 수업 친구들과 해마다 목표를 정하고 공부했는데, 2015년에는 놀이·인성교육, 2016년에는 사회적 기술을 공부했습니다. 그래서 2017년에는 학급 경영을 할 때 인성교육에 더 관심을 갖고 노력했습니다. 아침마다 칭감용(칭찬+감사+용서) 두 줄 쓰기를 하면서 '버츄(자존감과 효능감을 높이기 위한 프로그램)' 덕목을 지도하기도 했고 교우 관계를 중요하게 생각해서 매주 자리 바꾸기 전 친교 활동을 하면서 친구의 장점을 찾아주는 활동도 했습니다.

2학기 학부모 상담 주간에는 놀라운 얘기를 들었습니다. 저를 만난지 이틀 만에 남자친구 있냐고 물어봤던 그 친구는 사실 작년에 학교생활이 너무 힘들어서 병원 치료를 받았다고 합니다. 그 친구는 주변의 다른 친구들의 말이나 행동을 받아들이기가 어려웠답니다. 제가 맡았던 학년에 짓궂고 장난이 심한 친구들이 많았거든요. 그런데 저를 처음 만난 날, 제가 환하게 웃어주어서 좋았다고 합니다. 이 친구가 저를 좋아한다는 것은 알고 있었습니다. 그 이후에도 다른 애들이랑 같이 저에게 남자친구 있냐는 질문을 여러 번 했었거든요. 저는 이 친구들이 나중에 상처받을까봐 진실을 말하기가 두려웠습니다. 이 아이들에게 더 애정을 쏟는 계기가 되기도 했지요.

그리고 그해 교원능력평가의 학생들의 서술식 답변에서 큰 감동을 받았습니다. 보통 서술식 답변에는 선생님이 같이 나가서 영화를 보거나 맛있는 것을 사줬던 일을 가장 기억에 남는다고 씁니다. 그런데 저희 반 아이들은 저랑 함께했던 수업 시간이 가장 좋았다고 썼습니다. 수학 시간에 직접 각도기 사용법을 알려준 일, 영어 시간에 재미있는 게임으로 영어를 배웠다거나 체육 시간에 단계별로 지도해서 기능을 익힐 수 있었다는 등….

수업이 재미있고 선생님 덕분에 수학을 잘하게 되었다는 말을 처음 들었습니다. 교직 생활 20년 만에 그런 얘기를 처음 들었다니 부끄럽기도 합니다. 만약 혼자였다면 저는 아직도 그런 얘기를 들어보지 못했을지도 모릅니다. 수업나눔 동아리에서 수업 친구들과 함께 공부한 덕분입니다. 배운 것을 적용해볼 용기가 생겼고 용기가 생기니 실천도 가능해졌습니다.

저의 용기와 실천은 결과적으로 학생들에게 도움이 되었지요. 그리고, 아이들의 말이 저에게 더 큰 기쁨과 용기를 주었습니다.

한 선생님의 수학 수업에서 교사로의 열정과 전문성을 깊이 느낄 수 있었습니다. 수업에서 교사가 나침반 역할을 하고 학생이 사고하는 수업이 흔치 않습니다. 나조차도 '교사의 역할이 뭘까?' 하고 고민했던 적이 있었습니다. '직육면체의 전개도 알아보기(1/6)' 수업 차시는 어쩌면 너무도 간단한 지식 전달 수업이 될 수도 있었습니다. 그러나 이 한마디로 이 수업은 지식 전달 수업이 아닌 특별한 수업이 될 수 있었습니다.

"먼저 머릿속으로 생각해보세요."

생각한 다음에 실행함으로써 학생들의 공간 지각 능력이 향상되도록 이끌었습니다. 이 수업을 적용해서 '1. 평면도형의 이동' 단원을 지도해봤습니다. 조작 활동을 하기 전에 먼저 생각하게 이끌고, 학생들이 공간지각 능력을 계발하도록 했습니다. 터닝포인트에서 수업 사전 협의를 통해 얻은 아이디어를 수업에 적용해 접착식 풀을 사용하고 전개도를 만든 수업도 무척이나 효과적이었습니다.

수업나눔을 통해 점프과제라는 새로운 영역도 알게 되었습니다. 흔히 수준별 학습이 필요함에도 심화 문제를 구하기 어렵다며 외면했었는데, 점프과제 목록이 있음을 알고 시도해봐야겠는 생각을 했습니다.

무엇보다 선생님이 주변의 조언을 잘 받아들이시고 전문 서적을 읽으며 꾸준히 수업 성장을 위해 노력하셨던 점이 인상적이었습니다. 꾸준히 노력하며 날로 성장하는 선생님을 보며 부러움 반, 자랑스러운 반이 어느새 마음에 자리 잡았습니다. 다음에는 저도 색다른 수학 수업에 도전해보고 싶습니다.

수업 성장을 위한 걸음마, 좋은 선생님이 되기 위한 걸음마를 그렇게 수업나눔과 함께 시작했습니다.

마음속에 숨은 보석을 찾다

교실 안에서 혼자 수업을 준비할 때는 교대에서 배운 지식으로만 하루하루 버티고 있었는데, 교실 밖으로 나가보니 10년간 강산이 바뀐 것처럼 교육도 참 많이 변해 있었습니다. 새로운 교육 용어, 교육 기법도 정말 많더군요. 이것저것 배우고 싶은 것은 많은데, 다 교실에 적용하자니 '뱁새가 황새 쫓아가다가 가랑이가 찢어진다'는 속담처럼 버겁기만 했습니다. 좋은 것을 모두 흡수하기는 어렵습니다. 새로운 것이 항상 좋은 것도 아닙니다. 하지만 새로운 것을 무조건 배척할 필요도 없다고 생각했습니다. 새로운 것 중 나한테 필요한 것, 내 학급 운영에 도움이 될 것을 내게 맞는 방법으로 시도하면 됩니다.

그러던 중 수업 친구들을 통해 '미덕'으로 학생들을 지도하는 '버츄 프로젝트'를 알게 되었습니다.

사소한 것을 예민하게 받아들이고 항상 걱정이 많은 친구, 혼자만의 생각에 자주 빠져 있는 친구, 신경질이 많아 친구들과 다툼이 잦은 친구, 친구에게 먼저 다가가지 못하고 쉬는 시간마다 혼자 있는 친구….

이렇게 다양한 우리 반 아이들! 이 아이들에게 서로를 배려하고 상대의 기분을 헤아리는 연습이 필요하다고 생각했습니다. 또 각자의 마음속에 숨어 있는 보석을 스스로 찾게 해주고 싶었습니다.

감사, 배려, 관용, 자율, 이해, 정직, 목적의식, 열정 등 52가지 보석 같은 미덕 단어들을 작게 프린트해서 책상에 직접 붙여주었습니다. 날마다 내 안의 미덕 보석을 찾으며 하루를 돌아보게 했습니다. 미덕 단어를 이용해 일주일 동안 한 친구를 집중 칭찬하는 '칭찬 소나기' 활동도 했습니다.

수업 시간에도 미덕의 단어를 활용할 수 있었습니다. 국토 개발과 환경에 대한 주제로 수업을 할 때 마무리 단계에서 이렇게 질문했습니다.

"여러분이 국토 개발을 계획하는 사람이라고 상상해보세요. 어떤 미덕을 갖추어야 할까요?"

"사려와 화합의 미덕을 갖추어야 합니다. 국토 개발에 관련된 동식물, 사람들 모두의 상황을 고려하고 신중하게 생각해야 하니까요. 또 모두 평화롭게 살기 바라는 화합의 미덕을 갖고 있는 사람이 국토 개발자가 되어야 합니다."

"목적의식과 현명함도 필요할 것 같아요. 모든 상황을 생각하고 최선의 방법을 선택해서 행동하는 것도 필요하니까요."

국토 개발에 대해 알아보는 데 그치지 않고 우리가 갖추어야 할 태도까지 논의하며, 더할 나위 없이 즐겁게 수업을 잘 마무리할 수 있었습니다.

가장 좋았던 점은 아침마다 아이들의 감정을 들여다보는 감정 카드와 미덕을 연결시킨 것입니다. 우리 반은 아침에 오면 자신의 기분 상태를 칠판에 붙입니다. 친구들은 다른 친구들의 기분을 살펴보며 학생들과 대화의 꽃을 피우기도 합니다.

"성운이가 오늘 '불안하다'는 카드를 붙였네? 무슨 일이 있니?"

"(한참 망설이며) 내일 컴퓨터 자격증 시험이 있는데, 준비도 안 된 것 같고 벌써 걱정이에요."

"성운이에게 용기의 미덕이 필요하구나. 애들아 성운이가 힘을 낼 수 있도록 오늘 하루 성운이에게 용기의 에너지를 주자."

쉬는 시간, 칠판 한 구석에 누군가 "성운아, 용기 충전해!"라는 글귀를 예쁘게 써놓았습니다. 하루 종일 불안한 마음이라는 성운이를 배려하며 지낸 학생들은 집에 갈 때도 큰 소리로 성운이에게 인사했습니다.

"성운아! 용기 내! 넌 할 수 있어!"

하준이의 아침 기분은 '짜증난다' 입니다. 그날따라 바빠서 감정을 가지고 말할 시간이 없었는데, 마침 그날 하준이가 사건을 일으켰습니다. 옆 반 친구와 복도에서 싸움이 붙은 겁니다. 왜 그랬냐고 물어도 묵묵부답입니다. 문득 칠판에서 '짜증난다'고 붙였던 하준이의 감정이 떠올랐습니다. 조용한 곳으로 데려가 가만히 안아주며 말했습니다.

"아침부터 기분이 안 좋았지? 친구와 싸움이 나서 더 속상하겠구나."

화가 나 씩씩거리던 하준이의 눈에서 눈물이 차올랐습니다.

"아침부터 엄마아빠가 싸우고 나한테도 화를 내서 속상했는데…."
"그랬구나, 속상했겠다."

조금 시간이 지난 후 하준이는 아까 일에 대해 스스로 이렇게 말했습니다.

"옆 반 친구랑 복도에서 부딪혔는데, 제가 기분이 나빠서 욕을

감정카드를 통해 공감하기

내 감정을 알고 서로의 감정을 아는 감정붙이기

했어요. 제가 잘못한 것 같아요. 그 애는 별로 잘못한 것 같지 않아요."

일은 쉽게 해결되었습니다. 예전 같으면 하준이의 감정을 알아볼 생각도 하지 않고 다그치기만 했을 텐데, 교사인 나도, 하준이도 조금씩 성숙해졌다고 생각합니다.

타고난 지도력을 가지고 있는 선생님도 있습니다. 1%의 천재 선생님들이지요. 하지만, 타고난 선생님이 아닌 저는 아직도 배울 것이 많습니다. 많이 배우고 그것들을 내 것으로 만드는 '노력형 선생님'이 되고 싶습니다. 저의 배움과 성장이 우리 학생들에게 전해질 것을 믿어 의심치 않습니다.

말 한마디의 힘(감정카드)　　　　　　　　　　　2017년 성장 일지 중에서

터닝포인트의 수업 친구들을 만나면서 감정의 중요성을 알았습니다. 자기 내면의 감정을 먼저 솔직하게 들여다보고, 다른 사람의 감정을 느껴보면서 공감에 대해 알게 되었습니다. 공감은 소통이고, 소통은 공감입니다.

우리는 말 한마디에 힘을 얻고 말 한마디에 행복을 느낍니다.

그 아이의 선물

까만 눈동자에 싱글싱글 웃는 모습이 그 아이 첫인상이었죠.

"그 반은 문재 때문에 다른 애들은 손도 안 가는 아주 얌전한 애들로 넣었어요. 어떡해요. 앞으로 1년 진짜 고생하겠어요."

그 아이가 1학년때 담임이었던 선생님의 걱정 어린 조언을 시작으로 2학년 2반 우리 반을 만났습니다. 사건은 첫날부터 시작됐습니다.

"선생님! 문재가 제 지우개를 가지고 갔어요!"
"선생님! 문재가 뒤에서 제 의자를 발로 차요!"
"선생님! 문재가 저한테 바보라고 놀려요!"

며칠이 지나고 도저히 참지 못한 저는 문재의 어머니에게 전화를 했습니다. 다음날, 학교로 찾아오신 어머니는 눈물을 흘리며 말씀하셨습니다.

"학교에서 전화가 오면 깜짝깜짝 놀랍니다. 문재가 많이 부족하지만 잘 부탁드립니다."

많은 생각이 들었습니다. 그리고 이 난관을 어떻게 극복해야 할지 걱정도 되었고요. 동학년 선생님들과 같이 고민해봤고, 그 아이의 작년 담임 선생님을 찾아가서 조언을 구하기도 했습니다. 그렇게 힘든 3월이 지나갔습니다.

4월이 되고, 제가 참여하고 있는 수업나눔 동아리 터닝포인트의 수업 친구들을 만나는 날이 되었습니다. 그날은 동아리에서 개인 목표를 다짐했습니다.

"올 한 해 우리 반 아이들과 잘 지내고 싶어요."

개인 목표를 종이에 적어보고, 말해보면서 더욱 더 간절해졌습니다.

'제발~ 우리 반 문재와 잘 지내고 싶어요!'

터닝포인트의 수업 친구들이 각자의 개인 목표를 말한 후, 한 해의 구체적인 활동 계획을 함께 세웠습니다.

"교육 관련 책을 함께 읽어 보는 북카페 활동, 수업을 함께 보고 나누는 수업나눔 활동, 연수나 교육을 함께 배워가는 배움의 시간…."

수업 친구들과 함께하고 싶은 활동들이 참 많았습니다.

북카페의 첫 번째 책이 『사회적 기술』(김현섭 외 지음, 한국협동학습센터, 2014)이었습니다.

『사회적 기술』을 구입하여 수업 친구들과 같이 읽고 내용을 나누었습니다. 그리고 미션이 있었지요. 사회적 기술에 소개되어 있

는 활동들을 꾸준히 교실에 적용해보고, 그 과정을 나누는 미션이
었습니다.

첫 번째 미션, 교실 및 수업 규칙 세우기였습니다.

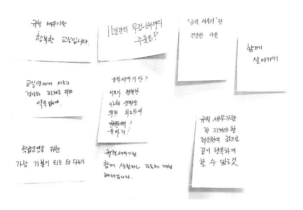

『사회적 기술』을 참고로 하여 우리 반 아이들과 함께 교실에서
의 규칙, 수업에서의 규칙을 세웠습니다. 이 활동이 재미있었는
지, 문재도 열심히 참여했습니다.

두 번째 미션은 인사하기와 칭찬하기입니다.
터닝포인트 수업 친구들과 다양한 인사 방법과 구체적인 칭찬
방법을 알아봤습니다. 그리고 서로 인사를 하고, 칭찬도 해봤습니
다. 칭찬도 연습이 필요하더라고요.
미션을 수행하기 위해 아침에 출근하자마자 아이들을 맞았습
니다. 교실로 들어오는 아이들을 한 명씩 정답게 인사하면서 안아

주고 있는데 문재가 저를 보고 멈칫하더니 그냥 '쌩' 하고 자기 자리로 가버렸습니다. 그리고 여느 때처럼 떠들기 시작했습니다.

"우리 윤하는 오늘 옷이 너무 예쁘구나!"
"우리 희상이는 웃는 모습이 참 예쁘네!"
"우리 문재의 행동이 점점 좋아지고 있어."

저는 날마다 아이들을 한 명씩 구체적으로 칭찬했습니다.

세 번째 미션은 나를 알아가기와 감사 표현하기입니다.
터닝포인트에서 나를 닮은 사물을 찾아 말하고 표현하는 활동을 했습니다. 이 활동의 핵심은 스스로에 대해 잘 생각하고 성찰하는 점에 있지만, 동시에 다른 사람의 이야기를 들으며 상대를 더 잘 이해할 수 있다는 점도 좋았습니다.

한편 감사 표현하기 활동에서는 꾸준히 감사 표현하기를 훈련해야 한다는 점이 가장 강조되었습니다.

"친구가 연필을 빌려주어서 감사한 마음이에요."
"선생님이 저한테 발표를 잘했다고 칭찬해주셔서 감사했습니다."
"우유통을 가지고 올 때 친구가 같이 들어주어서 고마웠습니다.”

"오늘은 비가 와서 감사합니다. 식물들이 물을 마음껏 먹을 수
있으니까요"

하루에 한 가지씩 감사하는 마음을 가져봤습니다.

> 차이점 받아들이기란 '나와 내 친구가 다르다는 것을 자연스럽
> 게 인정하는 것'이다. 상대방의 장점과 단점을 있는 그대로 이해
> 하기 위한 노력이 필요하다. 서로 다름을 인정하고 열린 마음으
> 로 상대를 대하며, 칭찬할 부분을 더 많이 격려해야 한다.
>
> — 『사회적 기술』 중에서 —

네 번째 미션, 차이점 받아들이기.

아이들에게 나와 친구가 다르다는 것을 자연스럽게 이해하게
돕고, 모두가 소중한 존재임을 알려주었습니다. 열린 마음으로 상
대방을 대하고, 서로를 칭찬하며 작은 일에도 감사하게 했습니다.

그리고 다섯 번째 미션, 여섯 번째 미션, 일곱 번째 미션…

1년 동안 터닝포인트의 수업 친구들과 함께 사회적 기술을 공
부하면서 그 활동을 교실에 꾸준히 적용해봤습니다.

12월의 어느 날, 저는 문재로부터 이런 선물을 받았습니다.

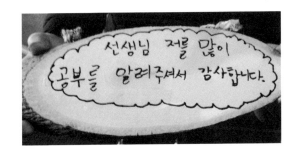

그 감동은 말로 표현하기 어려웠죠.

시간이 흘러 저는 4학년 4반 담임이 되었습니다. 그리고 수업
시간에 전혀 참여하지 않는 동영이를 만났습니다.

"올해는 수업을 잘하고 싶어요. 수업에서 성장하는 모습을 기
대해봅니다."

이번에도 여전히 터닝포인트의 수업 친구들과 함께 개인 목표
를 정했지요.

그리고 두 번째 이야기가 시작됩니다.

우리 반 동영이가 어떻게 변했는지 궁금하지 않으셔요?

수업 친구들과 함께 개인 목표를 정해보세요.

한 해 동안 꾸준히 그 목표를 향해 달려간다면 감동적으로 변
한 또다른 문재와 동영이를 만날 수 있을 것입니다. 아이들은 감
동입니다. 그 감동을 함께하시면 좋겠습니다.

또 하나의 배움, 터닝포인트의 수업 친구들과 '사회적 기술'에 관한 공부를 꾸준히 함께했습니다. '교실 및 수업 규칙 세우기', '인사하기', '칭찬하기'에 대한 사회적 기술도 익혀봤습니다. 함께 교실 및 수업 규칙을 세우면서 우리 반에 대해 생각해봤습니다. 학생들이 어리다고 생각해서 내가 세운 규칙을 강요하지는 않았는지, 규칙에 체벌이 들어가진 않았는지 반성도 했습니다.

수업 친구들과 함께 교실 및 수업 규칙을 세워보고 한 줄 쓰기를 통해 생각을 정리하며 규칙의 중요성을 알게 되었습니다. 회원들 각자의 규칙 사례를 공유하며 '친절한 단호함'에 대해 생각해봤고 1인 1역할 방법에 대해서도 많은 의견을 나눴습니다.

'인사하기'를 공부할 때는 수업 친구들과 함께 진심을 담아 인사를 했습니다. 학생들이 등교를 할 때 "사랑합니다"하면서 안아주는 것이 우리 반 인사법이었는데 시간이 지날수록 점점 생략하는 내 모습을 보고 반성도 했고요. 다른 선생님의 인사법처럼 아이들이 하교할 때 하이파이브를 하면서 신나게 하루를 마무리하는 것도 좋아보였습니다. 꼭 한번 해봐야겠다 싶었어요.

한 초등학교의 모습처럼 요일별로 다양한 인사법을 활용해도 신나는 하루가 될 듯합니다. ET 인사, 허그, 하이파이브, 손뼉치기 등 다양한 교실 맞이를 통해 즐거운 하루로 시작하고 행복한 하루로 끝맺음할 수 있어 보였습니다.

'칭찬하기'에서는 돌아가면서 수업 친구들을 칭찬했습니다. "옷이 참 잘 어울려요. 미소가 참 아름다워요!" 칭찬 한마디의 효과는 생각보다 훨씬 컸습니다. 칭찬 속에는 따뜻한 말과 따뜻한 마음이 담겨 있습니다. 따뜻한 말과 따뜻한 마음을 서로 서로 느끼니 행복이 가득한 하루가 되었습니다.

칭찬의 방법도 알아봤습니다. 세 명씩 그룹을 지어 모둠별로 "이렇게 말해요. 이렇게 행동해요. 이렇게 말하지 않아요, 이렇게 행동하지 않아요"에 대해 토의하고 그 결과를 정리했습니다. 우리가 공부한 사회적 기술은 꼭 교실 상황에서만 적용되는 것이 아니라 우리 사회 전반에 적용되는 것 같았습니다. 서로 정한 규칙을 지키고 진심이 담긴 인사를 먼저 건네며 서로의 장점을 칭찬한다면 우리 사회는 정말 아름다워질 테니까요.

'니는 어떤 사물과 닮았을까?' 시간은 여러 가지 사물 중에서 자신과 가장 닮은 사물을 그리는 시간이었습니다. 변한 듯 안 변한 듯 천천히 올라가는 체온계, 튀지 않지만 필요한 사람이 되고 싶은 소금, 동글동글 살고 싶은 공처럼 우리들은 모두 특별하고 소중한 사람들이었습니다. 나를 알아가는 시간을 통해 내가 보는 나와 타인이 보는 나에 대해 이해할 수 있었고 자신을 긍정적으로 발전시킬 수 있는 계기가 되었습니다.

'감사를 표현하는 시간'에는 감사도 꾸준히 훈련하여 습관화해야 한다는 것을 알았습니다. 감사 일기 쓰기, 감사 편지 쓰기, 감사 이미지 엮기, 사물이 되어보기, 감사 게시판 만들기, 자연 감사 등의 다양한 활동을 통해 감사하는 생활의 중요성을 알아봤습니다. 세상에는 감사할 것이 참 많습니다. 우리 아이들에게 감사하는 풍요로움을 알려주었으면 좋겠다는 생각이 들었습니다.

'교실 깔끔하게 사용하기'에서는 청소하는 방법도 잘 안내하면 바르게 학습할 수 있음을 알았습니다. 수석 선생님이 소개해주신 1인 1역할 공모제는 참 좋은 아이디어였습니다. 자신이 잘할 수 있는 역할을 스스로 선택해서 그 이유를 조리 있게 밝히고 공모하여 책임감, 논리적 사고, 의사 결정 등 다양한 능력을 키울 수 있을 것입니다.

'차이점 받아들이기'에 대해서는 다양한 의견을 나눠봤습니다. 상대방의 장점과 단점을 있는 그대로 이해하기 위해 노력해야 한다는 말이 참 인상적이었습니다. 상대방의 장점과 단점을 알아보기 위해 회원들과 함께 '~와 닮았어요!' 시간을 가졌습니다. 다양한 도형 중에서 자신과 닮은 도형을 그려보는 시간입니다.

갈수록 동그래지고 세상이 나를 중심으로 돌아가고 있다는 선생님, 둥글둥글 그냥 돌아가듯이 흘러가면서 살고 있는 동그라미 선생님, 같은 동그라미지만 거절과 갈등이 싫어서 누구나 함께하는 화합이 좋다는 선생님, 유연함을 추구하는 동그라미 선생님, 별처럼 빛나고 싶어 하는 선생님, 뾰족하고 두루뭉술하지만 튀고 싶은 선생님, 들쭉날쭉하지만 멀리서 보면 예쁘기도 하고 멀쩡하기도 한 선생님, 원이 되고 싶지만 나만의 틀을 벗어나지 못하는 네모 모양이라는 선생님…. 내가 미처 몰랐던, 그리고 다른 사람들이 생각하는 나를 알아가는 시간이었습니다. 동그라미, 네모, 세모, 별 등 사람들의 생김새와 성격은 모두 다릅니다. 그 사람을 나와 같은 동그라미, 나와 같은 네모로 변화시키려고 하지 말고 있는 그대로 받아들여야 한다는 것을 생각해보는 시간이었습니다. 우리 반 학생들도 동그라미, 네모, 세모, 별 등 참 다양합니다. 우리 반 26명 친구들의 26가지 다양함을 그대로 받아들이고 그 모양 그대로 사랑할 거예요.

배움을 실천하는 우리

우리의 공통점.
첫째, 선생님이라는 직업을 갖고 있다는 점.
둘째, 집으로 돌아가면 부모라는 이름으로 평범한 일상을 살아
　　　가다는 점.

이 두 가지 공통점 이외에 각자 다른 개성, 다른 성격, 다른 스토리를 가지고 있던 우리들은 우여곡절 많았던 4년간의 만남을 통해 앞으로 나아가고 성장하는 교사가 되고자 하는 열정을 가졌다는 공통점을 하나 더 갖게 되었습니다.

열정이 언제나 활활 타오르는 것은 아니었습니다. 열정이 식은 것은 아닌지 스스로 되돌아보기도 한, 모임에 오는 발걸음이 무거웠던 날도 있었습니다. 우리 모임에서 많은 배움과 기쁨을 얻

었지만 모임이 지속될 수 있을지, 내가 모임에서 도움을 줄 수 있을지 남몰래 걱정하고, 가볍지 않은 고민을 했던 순간도 있었습니다. 하지만 많은 우여곡절을 겪고도 우리는 가벼운 발걸음으로 오늘도 한자리에 모여 앉아 또 열띤 수업나눔을 이어갔습니다. 결국 우리가 원하는 것은 보다 좋은 교사, 성장하는 선생님이 되어 함께 발걸음을 떼고 싶었던 것입니다. 어렵게 생각하지 말고, 지금 현재 우리 앞에 놓인 과제에 집중하며 언제나처럼 수다를 떨고 웃으며 즐겁게 해나가면 됩니다. 지금처럼요.

매달 두 번의 만남이 결코 적지 않았습니다. 그 만남 동안 우리는 연초에 세웠던 목표를 향해 전진하며, 교실의 변화를 위해 수업을 연구하고 나누었습니다. 거기에 그치지 않고 함께하는 시간마다 활기차고 다양한 경험과 교육현장에서 쌓은 삶이 담긴 이야기꽃을 피우다가 저녁 10시가 가까워져서야 만남을 마무리했습니다. 이러한 열정적인 수업 친구들을 만나 함께 성장하는 기쁨에 행복했습니다. 네, 우리는 행복했습니다.

수업 친구들이 있어서 행복했고, 수업 대화를 나눌 수 있어 행복했습니다.

수업 친구들과 습관처럼 수업 수다 시간을 가져보세요.

그것이 바로 수업나눔의 시작입니다.

수업을 나누면 교사의 지혜는 배가 됩니다.

함께 전문가가 될 수 있도록 서로에게 힘을 줄 것입니다.

수업나눔을 시작하는 우리는 멋진 선생님입니다.

행복한 전문가입니다.

우리의 행복은 학생들에게 전파됩니다.

교실은, 학교는, 작은 행복으로 가득합니다.

"학교 속, 그리고 교실 안에서

소소한 행복을 수업 친구들과 함께 찾아보세요."

에필로그

縁(연)이 되다!

우린 교사로서 본질을 찾아가다
열정 많은 친구를 만났네.

친구와 함께
돌리고 펼치고
좀 더 깊숙이 보고 나누네.

같은 시선, 다른 모습으로
변화를 바라는 학생들 옆에서
웃음과 함께 추억도 공유하네.

수업을 뒤돌아보며
꿈도 꾸게 하는 그것.
용기 있게 다가가
마음을 여는 그것!

함께해요, 수업나눔.

차갑고 답답한 학교 현장에서 수업 친구들을 만났습니다. 용기를 내어 배움의 문을 두드리고 교실의 문을 열었습니다. 부끄러웠지만 일상 수업의 민낯을 보이고 나누며 습관처럼 수업 수다를 떨었습니다. 그러다 보니 학교 끝나고 학교 밖 모임, 가족 등에서만 찾았던 행복을 학교 안에서도 찾을 수 있었습니다. 학교 안에서 소소한 행복을 함께 찾으며 학교는 점점 따뜻해졌습니다. 우리의 경험과 행복을 다른 선생님들에게도 나눌 수 있도록 수업나눔 카드도 만들었습니다.

전국의 선생님들이 처한 환경과 상황은 제각각입니다. 하지만, 공통점은 있습니다. 많은 시간을 선생님이라는 이름으로 학교에서 지내고 있다는 점입니다. 그래서 우리, 교사의 행복을 학교에서 찾았으면 합니다. 이왕이면 학교 안에서 시간을 보내는 우리 교사들의 소중한 보물, 학생들과 함께할 수 있는 행복을 찾길 바랍니다. 학생이 행복할 때, 교사도 행복합니다. 우리가 행복할 때 학생도 행복합니다.

교사들의 소소하고 확실한 학교 속 행복 찾기, 지금 바로 시작해보세요!

터닝포인트(Teaching & Learning Point)